KB161245

빛

진공관, 소리의 빛

진공관 오디오를 위한 기술적 에세이

서병익 지음

필요
한책

曲能有誠,
誠則形,
形則著,
著則明,
明則動,
動則變,
變則化.

작은 일에도 정성을 다하여,

정성이 들어가면 모양이 잡히고,

모양이 잡히면 드러나며,

드러나면 밝아지고,

밝아지면 움직이게 되어,

움직이면 바뀌게 되고,

바뀌게 되면 변화한다.

-『중용中庸』제23장 중에서

오디오를 더 지혜롭게 즐기는 길

오디오를 취미로 하면서 오디오 기기를 운영하게 되면, 음질 향상에 대한 다양한 의견들을 듣게 되기 마련입니다. 그리고 음질 향상에 대한 열망은 오디오를 취미로 하면서 갖게 되는 당연한 욕구입니다.

오디오 취미에는 평생을 즐길 수 있는 다양성이 존재합니다. 그러다 보니 다양한 의견이 있을 수 있으며, 설혹 사실이 아니어도 오디오 도락道樂의 관점에서 수용할 수 있는 재미있는 내용들도 참 많습니다. 오디오는 정량적으로 잴 수 없는 소리를 다루는 분야다 보니 다양한 의견이 있을 수밖에 없기 때문입니다.

그러나 그중에는 오디오의 원리와 구조를 안다면 받아들이기 힘든, 허황된 이야기들도 있습니다. 웃고 즐기는 선에서 만족하지 않고 실제로 실행에 옮기면 공연히 돈만 낭비하고 끝나는 경우도 적지 않습니다. 오디오에 관한 정확한 내용을 알고 있다면 그런 허황한 이야기에 휘둘리지는 않을 것입니다.

회로 연구가 목적이 아니라면 깊은 수준의 내용들은 필요치 않습니다. 오디오를 즐기면서 듣게 되는 말도 안 되는 주장이나 지나치게 상업적인 과대광고에 현혹되지 않을 정도의 기술적 지식이면 충분합니다. 그래서 오디오 기기에 매료되어 공부하고 연구하였던 저의 50여 년 동안의 노하우를 선별하여 여기에 정리해 놓았습니다.

이 책『진공관, 소리의 빛』을 정독하여 내용을 두루 이해하게 된다면, 오디오 취미에 관한 한 중견中堅이라고 해도 좋을 정도의 지식을 갖게 될 것입니다. 오디오를 즐기면서 마주하게 되는 다양한 궁금증들이『진공관, 소리의 빛』을 통하여 해소되기를 기대합니다.

그리고 여러분의 가정에 아름다운 음악이 항상 함께 하길 기원합니다.

■ 본문의 사진들 중 제조사 이름이 따로 명기되지 않은 앰프 및 스피커는 서병익오디오 라인업의 기기입니다.

■ (편)이 별도 표기된 각주는 편집자 주석이며 그 외의 모든 각주는 저자가 작성하였습니다.

■ 본문 중 사진

9쪽: 소브텍 5881 진공관

12쪽: 일렉트로하모닉스 2A3 EH 진공관 페어

46~47쪽: 서병익오디오 TCR 플래티늄 에디션 포노앰프의 내부

98~99쪽: 서병익오디오 비올레타 SE2 인티앰프

184~185쪽: 서병익오디오 SP-03 SE 스피커

272~273쪽: 서병익오디오 시청실의 오디오 세팅

■ 이 책에서 사용된 글꼴은 경기천년제목, 문체부 바탕체, 제주명조체, DFKai-SB, KoPub바탕체, KoPub돋움체, KBIZ한마음명조체, Minion Pro입니다.

목차

푼타 뮤지카 SE2·쏘나레 콘솔릿 SE·아마레 플래티늄·
메디움 MK2·TCR SE 2·오르페오 MK2·올로로사 XE·
델리카투스 GE·로샤 SE·RCV

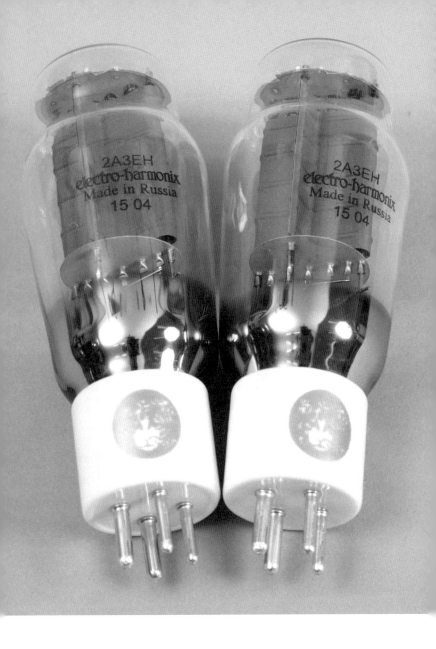

01

진공관

진공관 소자의
정의

오디오 앰프의 내부는 수동 소자와 능동 소자로 구성되어 있습니다.[*] 그중 수동 소자는 주어진 조건 속에서 고유의 제한된 동작만을 하는 소자입니다.

수동 소자의 종류는 다음과 같습니다.

· 저항기
· 콘덴서
· 코일
· 선재: 각종 케이블류 포함

이 목록에서 엄밀하게 분류한다면 선재는 소자라기보다는 재료입니다. 그러나 앞으로의 논지를 전개하는 데 있어 여러분의 이해를 쉽게 하기 위하여 임의로 분

---

[*] 소자素子라는 말은 전자 회로나 장치의 부품을 나누어 가리킬 때 사용되는 단어다.

류하였습니다.

한편, 주어진 조건 속에서 변화되는 정도에 대응하여 동작하는 소자를 능동 소자라 합니다.

능동 소자의 종류는 다음과 같습니다.

·반도체: 트랜지스터, FET, MOS-FET 등
·진공관

1900년대에 탄생하여 트랜지스터가 발명되기 전까지 증폭용 소자로 각광받던 진공관은 진공 유리관 내에 전극을 넣어 전자의 흐름을 제어하는 소자입니다. 소자의 크기와 사용 조건에서 소형과 경량형이라는 장점을 가진 트랜지스터에 밀려 거의 사라지는 듯했던 진공관 소자는 그 독자적인 우수성이 다시 조명되면서 트랜지스터의 장점이 발휘되기 어려운 상황에서 적극적으로 사용되고 있습니다. 특히 오디오 업계에서는 제2의 전성기를 맞고 있습니다.

진공관은 전압제어소자이며 제어단자인 그리드Grid에 전류가 흐르지 않습니다. 따라서 입력 임피던스가 높은 것이 특징입니다. 반면 트랜지스터는 전력제어소자이며 제어 단자인 베이스Base에 전류가 흐릅니다. 따라서 입력 임피던스가 낮습니다.

오디오에 활용되는 진공관에는 크게 3극 진공관과 5극 진공관*이 있습니다. 이 두 종류의 진공관은 각각 나름대로의 장점이 있으며, 고유의 음질로 인하여 개인마다 선호하는 진공관은 다를 수 있습니다. 명기라고 소문난 빈티지 기기에서도 3극 출력관과 5극 출력관이 혼재되어 있어 어떤 관이 더 우월한지 명확하게 구분하기는 어렵습니다.

그러나 '어느 것이 더 좋으냐'를 한마디로 정의할 수 없지만 투자하는 자금을 불문하고 제작한다면, 3극관 쪽이 더 좋은 결과가 나온다는 것이 정설입니다. 반면 5극관은 결선 방법에 따라서 3극관 성향이 될 수도 5극관 성향이 될 수도 있습니다.

진공관 회사에서 발표하는 데이터 시트에 의하면 5극관이지만 3결**로 했을 때 더욱 우수한 특성 곡선을 가지는 진공관도 많이 있습니다. 특히 특허를 피하기 위하여 3극관을 부득이 5극관으로 제작하여 판매한 경우도 있습니다. 이런 진공관을 사용할 때는 당연히 3결로 접속하여 사용합니다.

흔히 사용되는 진공관인 EL34를 예로 들자면 이 진공관은 5결로 사용하여 대출력 앰프를 만들 수 있지만

* 빔관은 4극관이지만 여기서는 우선 5극관 범주에 포함시켰다.

** 3극 진공관이 되도록 접속하는 방법.

JJ일렉트로닉스의 EL34

3결로 하여 3극관 앰프를 만들 수도 있습니다. 3극관 앰프로 사용할 때는 출력이 많이 낮아집니다. 원래 3극관은 효율이 낮기에 그렇습니다.

　3극관은 직열형과 방열형으로 나뉘는데 직열형 진공관이 대부분 비쌉니다. 직열형 진공관은 다시 초기 직열관인지의 여부로 분류되며, 진공관 제조 초기에 만들어진 진공관은 매우 비싼 가격에 거래됩니다.

　그러나 진공관도 회로의 한 부품일 뿐, 좋은 진공관에 어울리는 회로 설계와 숙련된 제작 기술 없이는 좋은 결과가 나오지 않습니다.

진공관의
구조와
결선 방법에 대하여

　처음 만들어진 진공관은 2극 진공관이었습니다. 2극
관은 히터Heater에 전류를 흘리고 플레이트Plate*에
높은 플러스+ 전압을 걸어두면 캐소드Cathode에서
방출된 전자가 플레이트의 높은 전압에 이끌려 플레이
트로 이동하게 되고, 이어서 플레이트에서 히터로 전류
가 흐르게 되는 구조입니다. 이런 2극관은 한쪽 방향으
로만 전류를 흘리는 작용을 하는데 교류**를 직류로 바
꾸기 위한 용도로 사용됩니다.

　2극관은 이를 처음 발명한 존 플레밍John Fleming
의 이름을 붙여 플레밍 밸브Fleming valve라 하였는데

* 플레이트는 애노드Anode라고도 불린다.

** +-가 교차하며 흐르는 전류를 교류라고 한다. 교류는 1초 동안에
+-가 교차하는 정도를 기준하여 헤르츠Hz라는 단위를 사용한다.
일반 가정에 유입되는 교류 전기는 60Hz다. 즉, 1초 동안에 +-가
60번 교차한다는 것을 뜻한다. 반면 +-의 교차 없이 흐르는 전류
를 직류라고 한다.

1904년에 만들어진 플레밍 밸브의 초기 형태

지금은 흔히 정류관이라고 합니다. 플레밍 밸브라는 이름의 영향으로 지금도 진공관을 밸브라고 부르기도 합니다.

2극관에 1개의 전극을 더 넣으면 3극 진공관Triode이 됩니다. 추가된 전극은 그리드라 불리며 캐소드에서 플레이트로 흐르는 전자를 제어하여 플레이트 전류를 제어합니다. 그리드에는 마이너스- 전압을 걸어 사용하는데 이 마이너스 전압이 높아질수록 플레이트 전류는 작아집니다. 그리고 진공관의 플레이트에 높은 플러스+ 전압이 걸려있는 상태에서 그리드의 마이너스 전압이 제로가 되면 그 진공관에 흐를 수 있는 최대치의

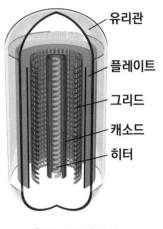

유리관

플레이트

그리드

캐소드

히터

현대 3극관의 구조

전류가 흐르게 됩니다.

이렇게 신호의 증폭이 가능한 3극관이 만들어지면서 본격적인 앰프가 제작되기 시작하였습니다. 그런데 3극관은 제어 전극인 그리드와 출력을 뽑아내는 플레이트가 서로 마주보는 상태이기에 입력 용량이 큽니다. 이것은 높은 주파수를 증폭하는데 매우 불리한 상태이기도 합니다.

그래서 고주파를 증폭하기 위해서는 작은 입력 용량을 가진 진공관이 필요하였는데, 입력 용량을 줄이기 위하여 1개의 전극을 더 넣어 만든 진공관이 4극 진공관Tetrode입니다. 그런데 그리드와 플레이트 사이에 스크린 그리드를 넣어 제작된 이 4극관은 예상 외의 동작을 하였습니다. 그것은 특정 전압에서 갑자기 전류가 작아지는 부성저항의 특성을 갖고 있다는 점이었습니다. 4극관은 이런 현상을 적극 이용한 발진 회로*에 주로 사용하게 됐습니다. 반면 이는 오디오와 관련된 부분에서 4극관을 볼 수 없는 이유가 됐습니다.

4극관에서 방출되는 2차 전자를 제거하기 위하여 1개의 전극을 더 넣어 만든 진공관이 5극 진공관Pentode입니다. 5극관에 추가된 전극은 억제 그리드Suppressor라 불리며 5극관의 스크린 그리드와 플레이트 사이에 위치합니다. 이 5극관은 4극관에서 전류를 줄이는 작용을 하는 2차 전자를 스크린 그리드와 억제 그리드인 서프레서의 작용으로 플레이트로 다시 보내지게 만듭니다. 그 결과 큰 플레이트 전류를 효과적으로 제어하게 되어 효율이 높으며 스크린 그리드의 작용으로 입력 용량은 매우 적은 것이 특징입니다. 이런 특징으로 5극 진공관은 주로 고주파 증폭용으로 많이 쓰이며 효율이 높기에 높은 출력을 내는 출력관으로도 제작됩니다.

4극관이지만 독특한 구조의 전극을 플레이트와 스

---

* 외부로부터 가해진 신호에 의하지 않고 전원으로부터의 전력으로 지속되는 전기 진동, 즉 교류 전압 또는 전류를 발생시키는 회로.

크린 그리드 사이에 배치하여, 스크린 그리드에 의하여 방출된 제2전자를 플레이트로 돌아가게 하는 작용이 이뤄지는 진공관을 빔Beam관이라고 합니다. 빔관은 엄밀하게 분류를 한다면 4극관이라 볼 수 있지만 흔히 빔관이라 부르며 구분을 합니다. 대표적인 빔관으로는 6V6, 6L6, KT88, 6550 등등이 있습니다.

이와 같은 다극관들은 어떻게 결선하느냐에 따라 같은 관이면서도 다양한 동작을 할 수 있다는 장점이 있습니다.

대표적인 빔관인 텔레푼켄의 KT88

1. 5극관으로 결선

장점: 효율이 좋아 출력이 높고 낮은 드라이브 전압으로 충분한 출력을 얻을 수 있다.

단점: 3극관과 비교하여 왜율이 높다.[*]

음질적 특징: 음이 화려하게 들리며 힘찬 느낌을 준다.

2. 3극관으로 결선

장점: 왜율이 적다.

단점: 효율이 낮아 큰 출력을 얻기 어렵고, 높은 드라이브 전압이 필요하다.

음질적 특징: 음이 차분하고 세련되게 들린다.

* 5극관으로 결선했을 때 왜율이 높다는 것은 3극관과 비교하여 상대적으로 높다는 것이다. 5극관도 무귀환으로 동작시키는 경우가 있을 만큼, 왜율 특성이 좋은 관이 많이 있다. 널리 알려져 있는 91B형 300B 싱글앰프도 초단관으로 5극관을 사용하지만 무귀환으로 구성되어 있다. 그러나 5극관을 이용하여 증폭 회로를 구성하는 경우, 높은 이득을 활용하여 적절한 부귀환을 이용하는 경우가 많으며 그렇게 할 경우 부귀환으로 인한 특성들이 나타나게 된다.
사용하는 입장에서는 부귀환을 적용했는지 아닌지는 크게 의미가 없다고 생각한다. 음질로서 선택의 기준을 삼는 것이 맞다고 보기 때문이다.

3. 울트라리니어Ultra-linear 방식*으로 결선

5극관 출력관의 단점인 왜율 특성을 어느 정도 보완할 수 있으며 3극관 출력관의 단점인 효율이 증가하여 같은 조건에서의 3극관보다 조금 더 높은 출력을 얻을 수 있다.

위에 기재된 결선 방법에 따른 음질적 특징은 저의 주관적 견해입니다.

이렇게 같은 진공관이라도 어떤 방식으로 동작시켰는지에 따라 다른 결과를 얻을 수 있습니다. 그런데 더 중요한 것은 출력관 하나로 음질적 특징이 정해지지 않는다는 사실입니다. 출력관을 드라이브하기 위해선 드라이브관이 필요하고, 드라이브관을 드라이브하기 위해선 초단관이 필요하기 때문인데, 결국 각각의 음질적 특성이 합쳐져 하나의 결과로 나오는 것이 앰프이기 때문입니다. 오디오에서 음질적 특징이란 여러 가지 향을 조합하여 하나의 향수로 완성하는 것과 같은 의미입니다.

---

* 3극관 결선의 낮은 왜율과 5극관 결선의 출력을 동시에 확보하기 위해 개발된 결선 방식이다. (편)

앰프의 두 갈래 길,
진공관과
반도체

　많은 사람들이 진공관 앰프와 반도체 앰프의 음질이 다르다는 것을 알고 있습니다. 정도의 차이는 있지만, 대체로 진공관 앰프의 음은 부드럽고 나긋나긋하며 유려합니다. 반면 반도체 앰프의 음을 들으며 유려하다, 나긋나긋하다 같은 표현은 잘 쓰지 않습니다. 어떤 이유로 이런 음질적 차이가 발생하는 걸까요?

1. 진공관은 전압으로 전자의 흐름을 제어한다

　진공관 소자는 진공 속에서 전자를 제어하므로 제어 과정에 전자의 이동 속도가 지연되는 일은 발생하지 않습니다. 반면 반도체 소자는 고체 속에서 전자의 흐름을 제어하므로 다소 불리합니다.

　진공관 개발 초기에 플레이트에 인가하는 전원을 'B전원', 바이어스용 전원을 'C전원', 히터용 전원을 'A전원'이라고 하였으므로 지금도 전원을 그렇게 구분하고 있습니다. 진공관의 플레이트에 B전압을 걸어두고 캐소드에 열을 가하면 캐소드에서 열전자가 방출됩니다. 열전자는 플레이트에 걸려 있는 높은 전압에 이끌려 플레이트 쪽으로 이동합니다. 이때 캐소드와 플레이트 중간에 위치한 그리드에 C전압*을 가함으로써 플레이트에서 캐소드로 흐르는 전류를 제어할 수 있습니다. 이처럼 그리드에 가해진 작은 전압의 변화가 플레이트 전류의 변화로 나타나므로 진공관을 전압제어소자라고 하는 것입니다.

2. 반도체 소자는 전류로 전자의 흐름을 제어한다

4가價의 전자 구조를 갖는 반도체에 3가의 전자 구조를 갖는 붕소, 인듐, 갈륨 등을 결합하여 제작한 것을 P형 반도체라고 합니다. 그리고 4가의 전자 구조를 갖는 반도체에 5가의 전자 구조를 갖는 인, 비소, 안티몬 등을 결합하여 제작한 것을 N형 반도체라 합니다. 이 두 개의 반도체를 결합하여 만들어진 구조가 다이오드이며, 다이오드 두 개를 마주보는 구조로 결합한 것을 트랜지스터Transistor: TR라고 합니다. 그리고 두 개의 마주보는 극성에서 제어소자를 인출하여 베이스

---

* 바이어스 전압.

Base를 만듭니다.

반도체 소자는 다이오드를 어떤 방향으로 결합하였는지에 따라 PNP형과 NPN형으로 나눕니다. 결합되는 쪽이 N형이면 PNP형, P형이면 NPN형이라고 부릅니다. 이렇게 제작된 PNP TR과 NPN TR은 극성이 다릅니다. 여담이지만 이렇게 특성은 같고 극성이 다른 소자가 존재하는 것이 반도체 회로가 발전할 수 있었던 가장 중요한 이유입니다.[*]

콜렉터Collector에 높은 전압을 걸어두고 베이스 Base와 에미터Emitter에 순방향으로 전압을 걸면 에미터에서 베이스 방향으로 전자가 이동하며, 그로 인하여 콜렉터로부터 많은 양의 전류가 에미터로 흐릅니다. 이때 작은 베이스 전류가 흘렀음에도 많은 콜렉터 전류가 흐르는 현상을 전류 증폭이라 하며 수치로 나타낸 것을 전류증폭률이라고 합니다.

TR은 베이스에 전류가 흐르면 전류 증폭률에 비례하여 콜렉터 전류가 흐르는 구조입니다. 반도체는 전류 제어소자이기 때문입니다. 그리고 반도체는 구조적으로 베이스에서 에미터로 전류가 흐르기 때문에 입력 임피던스가 낮습니다.

* 위 내용의 일부는 TR의 구조적인 이해를 돕기 위한 설명이며, 실제 TR을 제작할 때 다이오드 두 개를 겹쳐서 제작하지는 않는다.

직열형 진공관과 방열형 진공관

　3극 출력관은 대부분 히터를 직접 가열하여 열전자를 방출하는 구조로 되어 있습니다. 반면 히터가 캐소드를 가열하는 방열형 구조는 정류관에 먼저 채용되었습니다. 그러다 1930년대 후반에 이르러 캐소드를 장착한 방열형 3극 출력관이 발표되었습니다. 문헌으로 확인할 수 있는 최초의 방열형 출력관은 6A5로서 히터를 감싼 구조의 캐소드를 실장한 방열형 구조입니다.

　그런데 이 최초의 방열형 출력관은 현재의 방열형 진공관과는 조금 다른, 과도기적인 구조로 되어 있습니다. 캐소드를 가지고 있지만 히터와 전기적으로 연결된 구조인데, 지금의 방열형 진공관은 히터와 캐소드가 전기적으로 분리되어 있기에 차이가 있습니다. 초기에는 히터와 캐소드가 전기적으로 분리되어서는 안 된다고 생각했던 게 아닐까 짐작해 봅니다.

　그렇다면 무슨 이유로 이러한 방열형 진공관이 고안

되고 사용된 걸까요?

직열형 3극 진공관은 히터를 직접 가열하여 열전자를 방출하는 구조로 되어 있습니다. 이런 이유로 교류로 동작시키면 노이즈의 영향을 쉽게 받습니다. 직접 히터를 가열하는 구조상 히터의 전압이 흔들리면, 즉시 플레이트 전류의 변화로 나타납니다.

이런 문제를 개선하기 위하여 히터는 오직 캐소드를 가열만 하고 열전자는 캐소드에서 방출되는 구조로 만든 것이 방열형 진공관입니다. 이렇게 함으로써 교류로 히터를 동작시켜도 험의 영향을 받지 않게 되었으며, 히터 전압의 변화가 플레이트 전류의 변화로 나타나는 현상이 개선되었습니다. 히터는 높은 열을 오래도록 안정적으로 발산해야 하므로 오직 필라멘트만을 위한 효율적인 재료를 사용하게 되었고, 캐소드는 열전자를 오래도록 방출할 수 있는 재료를 각각 사용함으로써 진공관의 수명과 전기적 안정성이 크게 향상되었습니다. 이때 시기적으로 5극관과 빔관이 출시되면서 거의 모든 진공관이 캐소드를 갖는 방열형 진공관으로 제작되기 시작하였습니다.

그런데 예전에 어느 책자에서 직열형 진공관은 불에 직접 구워먹는 생선에 비유하고 방열형 진공관은 불에 의해 달궈진 프라이팬에 구워 먹는 생선에 비유하는 것을 본 적이 있습니다. 방열형 진공관의 원리를 설명하는 적절한 비유이지만, 이 비유로 인하여 많은 사람들이 혼란스러워 합니다. 마치 직화로 구워 먹는 생선이 맛있듯이 직열 3극관의 음질이 좋아지는 것이 사실인지에 대한 혼란입니다.

그러나 방열형 진공관의 캐소드에서 방출되는 열전자와 직열형 진공관의 히터에서 방출되는 열전자의 구조는 같습니다. 방열형 진공관은 열적으로 안정된 캐소드에 의하여 더 많은 플레이트 전류를 더 안정되게 흘릴 수 있다는 내용으로 요약됩니다. 방열형 진공관은 전압의 변화로 나타나는 전류의 변화, 그로 인한 소리 크기의 변화를 안정시키기 위해 개발된 그 시대의 첨단 기술이었습니다.

이렇듯 알고 나면 자연스럽게 정리되는 내용도 모르면 동경의 대상이 될 수 있습니다.

고신뢰관에서의
신뢰의 의미

　요즘은 인터넷을 통하여 많은 정보를 쉽게, 다양하게 얻을 수 있으나 한편으로는 잘못된 정보로 인하여 오히려 혼란이 가중되는 경우도 있습니다. 고신뢰관에 대한 내용도 그중 하나가 아닐까 생각합니다.

　진공관의 구조는 히터, 또는 캐소드 위에 근접하게 배치한 작은 지지대를 설치하고 가는 선으로 조밀하게 감아 그리드를 만든 후 플레이트로 그 주위를 감싼 형태로 되어 있습니다. 구조가 이렇다 보니 물리적인 충격에 취약합니다.

　그래서 같은 형번이라도 지지대를 더 세우고 물리적 충격에 더욱 배려를 한 진공관이 만들어졌는데 그것을 군용, 또는 공업용 버전으로 구분하기도 했습니다. 그리고 다른 말로는 고신뢰관이라고 불렀습니다.

　고신뢰관은 쓰임에 있어 물리적인 충격에 특히 강해야 하는 경우에 선별하여 사용하였습니다. 예를 들어

1950년 잡지에 실린 신뢰성을 강조하는 텅솔 5881 진공관 광고

6L6의 공업용 버전인 5881이 고신뢰관입니다. 이 진공관은 열악한 환경에서도 사용할 수 있도록 플레이트 허용 전압을 더욱 높이고 지지대를 더욱 견고하게 제작하였습니다.

이렇듯 열악한 환경에서 사용하는 것을 전제로 제작된 고신뢰관은 추가된 지지대로 인하여 물리적 충격에는 강할지 모르나 진공관 고유의 음이 나오지 않는, 소위 '경직된 음'이라 하여 오디오 애호가들로부터 천시받던 때도 있었습니다. 그러나 세월이 흐른 지금은 고신뢰관이 좋은 음에 대한 고신뢰임을 보증하는 것처럼 여겨지고 있으니 묘한 일입니다. 그러니 고신뢰관이 뜻하는 바를 이해하고 상황에 따라 선별하여 사용하기를 권장합니다.

물론 고신뢰관이 쓰여야 소리가 더 좋아지는 경우도 있습니다. 흔히 사용하는 진공관 중에서 물리적인 충격에 유독 약한 진공관이 있는데 6DJ8이 대표적입니다.* 이 진공관은 비교적 큰 플레이트 전류를 흘릴 수 있어 현대적인 소리를 내며 그 장점 덕분에 많은 업체에서 채택하지만 '작은 진동에도 그리드가 물리적 충격에 의해 진동하는 현상', 즉 마이크로포닉 잡음이 쉽게

* 이것은 후기관들 중에서 특히 약하다는 의미다. 초기관에서는 마이크로포닉 잡음이 하울링으로 이어지는 경우가 흔했다.

6DJ8 진공관과 호환 가능한 필립스 제작의 6922 진공관

발생하는 진공관입니다. 이 6DJ8을 써서 마이크로포닉 잡음 현상이 심한 경우에는 호환이 가능한 고신뢰관인 6922로 대체하는 것이 좋습니다. 고신뢰관 특유의 물리적 충격에 강한 특징 덕분에 마이크로포닉 잡음이 줄어 6DJ8보다 음질이 좋아지기 때문입니다.

진공관은
역시
구관이다?

    제가 가장 많이 받는 질문 중 하나가 구舊관에 대한 내용입니다. 하지만 구관의 판매를 업으로 하는 분도 있기에 말씀드리기 곤란한 부분도 있고 '진공관 앰프는 반드시 구관을 써야 한다'는 나름대로의 기준을 정해 놓고 오디오를 즐기는 분도 있기에 구관에 대한 내용만큼은 글로 남기기 쉽지 않습니다. 이제부터 제가 드리는 말씀은 좋다, 나쁘다는 기준이라기보다는 기술적인 부분에 대한 내용이오니 이 점을 참고하여 주십시오.

    진공관의 원리가 발표되고 만들어지던 시기가 1900년대 초이니 대략적으로 100년 전의 일입니다. 그때 실험되고 적용되었던 경험들이 모여져 진공관 제작 기술이 정점에 이르렀다고 평가되는 시기는 1950년대 후반일 것입니다. 결국 여느 기술이 그렇듯이 진공관도 초기에 출시되었던 진공관들이 가지고 있는 단점들을 극복해 나가는 과정을 통하여 기술적 정점에 이르게 되었다고 말할 수 있습니다. 그런데 이런 내용을 이해 못 하는 사람은 초기에 나온 진공관에 더 좋은 기술이 적용되었을 것이라고 생각하기도 합니다.

1970년대 후반, 중국에서 구관을 복각하여 생산하기 시작하였고[*] 러시아와 미국을 비롯하여 진공관 제조 설비를 보유하고 있던 곳에서 구관의 재생산을 시작한 지도 벌써 30여 년이 지난 일입니다.[**] 이제 세월이 많이 흘러 NOS[***] 구관은 찾아보기 힘들게 되었습니다.

이런 상황에서 구관을 구입한다는 것은 다른 사람이 충분히 사용한, 내용을 알 수 없는 부품을 구입하는 것이 될 가능성이 높습니다. 진공관 전성기에 제작된 진공관은 사용 한계 20,000시간이 보증되던 시기에 제작됐기에 지금까지도 구관으로서 존재하는 이유겠지만, 새롭게 구관들이 복각되어 나오는 현재에는 쓸 만한 구관을 찾기가 쉽지 않습니다.

구관이 오래되어 나타나는 대표적인 현상은 에미션[****]

---

* 슈광의 창립년도는 1958년으로 알고 있지만, 국내에서 슈광의 제품이 판매되던 시기를 근거로 한 말이다.

** 1980년대 후반, NASA에서 우주로 보내질 위성체의 정전압용으로 사용하기 위하여 제작하였다는 300B도 과거의 제조 기술로 만든 것은 아니었지만 좋은 평가를 받는 것으로 알고 있다.

*** New Old Stock: 사용하지 않은.(편)

**** Emission: 전자의 방출 정도.

감퇴로 인하여 흐르는 전류가 많이 줄어드는 것입니다. 출력관이 이 상태라면 저역이 제대로 나오지 않게 되고 출력도 줄어듭니다. 따라서 맥없는 소리가 만들어지며, 찌그럭거리는 잡음도 간간이 들리게 됩니다. 힘이 빠진 소리를 부드러운 소리로 생각하여 좋게 평가하는 분도 계시지만, 냉정하게 보면 곧 버려야 할 정도의 부품일 뿐입니다.

상황이 이렇다면, 차라리 신관의 특성을 눈여겨 볼 필요가 있습니다. 증폭용 3극 진공관에 대한 원리가 발표되고 기술적 정점에 이르기까지 50여 년이 소요되었습니다. 그리고 재생산을 시작한 지 30년이 지난 지금에는 기술적으로 상당한 경지에 도달하였습니다. 그런 결과물로서 최근의 기술에 의해 탄생한 KT120이나 300B-XLS 등등의 신관들이 속속 소개되고 있습니다. 특히 KT120은 음질이나 전기적 스펙에서 텔레푼켄의 EL156에 필적하는 수준 높은 관이라고 생각됩니다. 기술이 축적되지 않았다면 탄생하지 못했을 이런 진공관들을 제작할 수 있는 것이야말로 지금의 진공관 제조 기술이 충분히 숙성되었다고 여기는 이유입니다.

그리고 진공관은 반도체 앰프와 달리 에이징하기 위한 시간이 필요합니다. 히터가 달궈져야 비로소 안정된 전류가 흐르며 이런 과정이 반복될수록 재현되는 음질

빔관 계열의 신관으로서 높은 퀄리티를 보여주는 텅솔의 KT120

이 부드러워집니다. 이런 부분을 고려하지 않고 충분히
에이징된 구관과 바로 쓰이는 신관을 비교하는 것은 공
정하지 못합니다.

저의 경험상, 신관의 음질이 구관의 음질과 버금갈
정도의 나긋나긋하고 유려한 소리가 되기 위해서는 대
략 1년 정도의 에이징 시간이 필요하다고 생각합니다.
물론 전원을 ON한 후 30분만 지나도 충분히 좋은 음
질이 됩니다. 하지만 진공관 앰프를 운용하다 보면 에
이징 효과에 대한 제 말씀을 이해하시리라 생각합니다.

이런 내용을 감안하셔서, 상태를 알지 못하는 구관에
대한 막연한 동경과 환상을 갖지 않으시길 기대합니다.

히터의
AC 점화와
DC 점화의
차이점은?

"AC교류 점화가 DC직류 점화보다 음질이 좋으냐?"

가끔 오디오 애호가로부터 위와 같은 질문을 받게 되면 상당히 긴 시간을 할애하여 설명해야 합니다. 왜냐하면 "빈티지 명기는 모두 AC 점화 아니냐?"라며 덧붙여 질문하므로 그렇습니다. 많은 사람들이 이와 같은 궁금증을 갖고 있을 것입니다.

결론을 먼저 말씀드린다면 이런 류의 얘기는 오디오 애호가의 마음을 현혹하는 이야기에 지나지 않습니다. 따라서 여러분에게 "이 앰프는 AC 점화이기에 소리가 좋다"고 말하는 것은 무지의 결과거나 내세울 것 없는 앰프이기에 하는 이야기라고 생각하면 됩니다.

결정적으로 진공관에서 히터는 '캐소드를 달구는' 작용 외에는 하는 일이 없습니다. 물론 직열 3극관에서는 히터가 캐소드의 일을 겸하게 되지만 결국 같은 맥락의 작용을 하게 되는 것이지요. 따라서 AC든 DC든 결과는 같은 것입니다.

회로적인 견지에서 보면, 과거에는 소위 DC 점화를 하고 싶어도 그걸 가능케 하는 큰 용량의 정류 소자가 없었습니다. 용량이 큰 콘덴서도 없었습니다. 그래서 초기에도 이동성이 요구되는 기기에는 전지를 통한 DC 점화를 하였지만, 상용 기기에는 DC 점화가 필요해도 어쩔 수 없이 AC 점화를 하였던 것입니다.

그러나 실리콘 정류 다이오드가 생산되고 큰 용량의 전해 콘덴서가 생산되면서 히터의 DC 점화가 시작되었습니다. 덕분에 앰프의 S/N비는 비약적으로 향상되었습니다. 이후 정전압 IC의 출현으로 더욱 진보한 앰프가 만들어졌습니다.

대표적으로 마란츠가 1951년에 개발한 자사의 첫 프리앰프인 오디오 콘솔릿은 실리콘 다이오드 정류에 의한 DC 점화를 하고 있습니다. 이 기기는 프로용으로 대단한 명성을 남겼습니다. 그리고 이후에 나온 마란츠 모델 7 프리앰프도 실리콘 정류 다이오드에 의한 DC 점화를 하고 있습니다. 과거 다른 유명 메이커들도 DC 점화를 할 수 있는 여건이 만들어지자 적극적으로 DC 점화를 시작하였습니다.

어째서 유명 메이커들이 DC 점화를 선택한 걸까요? 답은 간단합니다. 진공관 프리앰프를 만든다는 가정 하

마란츠의 첫 프리앰프인 오디오 콘솔릿

에 AC 점화로 실용 상 충분한 S/N을 확보하려면 매우 수준 높은 실장 기술을 필요로 합니다. 그런데 그렇게 고생해서 아무리 배선을 잘해도 DC 점화보다 우수하지 않다는 게 문제였습니다. 같거나 못합니다. 과정이 어려웠다고 하여 고성능이라고 할 수 없는 것이며 결과를 미화하여 말할 수는 없는 법입니다.

작금의 눈부신 과학의 발전은 오래 전에 완성된 전기적, 물리적 법칙에 근거하여 이룩한 결과입니다. 그중 옴의 법칙과 키르히호프 법칙*은 전자 회로를 구성하는

....

* 독일의 물리학자 G.R.키르히호프Gustav Robert Kirch-hoff(1824~1887)가 발견한 법칙이다. 키르히호프의 전류에 관한

기초가 되고 있습니다. 그런데 이러한 법칙들에서 벗어나는 내용을 주장하는 것은 전자 기초를 공부하지 않았거나 그동안 역사에 존재하지 않았던 새로운 물리 작용을 발견한 것 중 하나일 것입니다. 만약 후자라면 대단한 발견이며 물리학의 근간을 뒤흔드는 엄청난 이슈입니다.

이제 AC 점화와 DC 점화의 문제를 옴의 법칙으로 해석해 보겠습니다. 우선 옴의 법칙의 정의는 다음과 같습니다.

회로 내에 흐르는 전류는 전압에 비례하고 저항에 반비례한다.

A=V/Ω
V=IR
I=V/R
R=V/I

A: 전류의 세기   Ω: 저항   V: 전압   I: 전류   R: 저항

300B의 히터는 전압 5V에 동작하고 이때 1.2A의

법칙은 옴의 법칙을 확장한 것이며 전기회로에서 전류를 구할 때 사용된다. (편)

일렉트로하모닉스의 300B 진공관

전류가 흐릅니다.

5(V)/4.167(Ω)=1.2(A)

1.2A의 전류가 흐르는 이유는 300B 히터의 저항이 4.167Ω이기 때문입니다. 히터 전압은 5V이므로 이때 전력은 6W가 소비됩니다.

5(V)×1.2(A)=6(W)

그런데 과거에 어딘가에서 300B의 히터를 전류로

동작시켰더니 음질이 좋아졌다고 광고하는 것을 본 적이 있습니다. 이때의 상황을 옴의 법칙에 근거하여 검증해 보겠습니다.

300B의 히터에 1.2A의 전류가 흐르면 300B 히터의 양단에 5V가 걸리게 됩니다.

1.2(A)×4.167(Ω)=5(V)

이 결과를 보면, 5V의 전압을 공급하여 전류 1.2A가 흐른 것과 같은 내용입니다.

결과가 변하지 않은 이유는 히터의 저항이 4.167Ω이기 때문입니다. 이때 소비되는 전력은 6W로 같습니다.

1.2(A)×5(V)=6(W)

아무 것도 변한 것이 없습니다.

그럼에도 불구하고 음질이 변했다고 주장한다면 위에서 말씀드린 두 가지의 경우, 전자 기초를 공부하지 않았거나 새로운 물리 법칙을 발견한 것 중 하나가 아닐까요?

그러나 물리학의 역사를 재정의하는 놀라운 발견이

아닌 한에는, 히터를 달구는 방식이 다를 수는 있지만 결과는 같다는 것을 기억한다면 혼란스러울 일은 없을 것입니다.

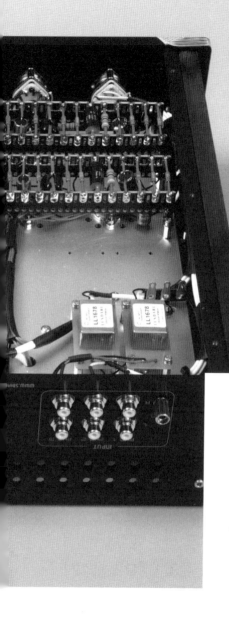

02
회로

앰프의
핵심은
회로

"진공관 앰프를 제작할 때는 오래된 웨스턴 선재로 배선해야 곰삭은 소리가 난다."

"납도 오래된 것을 사용해야 소리가 좋다."

요즘도 위와 같은 말을 하는 사람들이 있습니다.

또한 "300B 싱글앰프는 10개 이상의 부품을 사용하면 소리가 나쁘다"라는 말도 들어봤습니다. 그래서 10개 이상의 부품이 사용된 앰프는 소리를 들어가며 필요 없는 부품을 떼어 버린다는 사람도 있었습니다. 그래야 소리가 좋아진다고….

오디오 업계에 종사하며 최소한 어느 정도의 위치에 있는 사람들이 하는 말씀치고는 참으로 황당한 이 이야기들은 불가형언不可形言의 여운을 남깁니다. 오디오인들의 대담 속에 이렇듯 황당하고 기발한 이야기들이 난무하는 것은 정량적으로 잴 수 없고, 듣는 위치에 따라 미묘하게 변화하는 소리를 다루는 분야이기 때문 아닐까요.

그러나 정말로 오래된 주석선을 사용하면, 오래된 납을 사용하면 소리가 좋아질까요? 공연히 이의를 제기하였다가는 천하의 막귀로 몰리기 십상입니다. 하지만, 소리의 향상은 옛 부품으로 구현하는 것이 아니라 기술의 발전을 통하여 추구하는 것이라고 봅니다.

문득 오래 전 출가한 어느 스님이 받은 질문에 대한 이야기가 생각납니다.

"스님은 어찌하여 출가를 하셨습니까?"

그러자 스님이 되물었습니다.

"그대는 10원 남는 장사와 30원 남는 장사가 있다면 어느 것을 하겠는고?"

저는 종교를 가지지 않은 사람이지만 그 답의 뜻은 분명히 알 수 있습니다. 오디오도 이와 같아서 가능하면 좋은 결과가 나오도록, 또는 효과적인 결과가 나오도록 구성해야 한다고 봅니다. 그러니 같은 노력이라도 결과가 다르다면 더 효과적인 조치를 선택하는 것은 당연합니다.

오디오의 역사는 회로 개발의 역사라고 해도 과언이 아닙니다. 초창기 회로와 최근의 회로를 비교해 보면 오디오 기술이 어떻게 발전되어 왔는지 한눈에 알 수 있을 정도입니다. 지금도 일부 애호가들 중에서는 빈티지 기기를 과대평가하는 사람이 있지만 그 내용을 제대로 알면 실망 또한 클 것입니다.

기술은 수많은 시행착오 속에 발전하는 것이며 오디오 기술도 예외는 아닙니다. 지금은 잘 갖춰진 앰프라면 '실황인가!' 할 정도의 음질이 되었지만, 당연히 처음부터 그렇지는 않았습니다. 오디오의 기술적 향상을 실현하기 위하여 입체 음향의 기술이 만들어졌으며 주파수 특성을 향상시키게 되었고 왜율을 줄이기 위해 노력하였던 것입니다. 그런 과정을 통하여 기술은 끊임없이 향상되었고 그 결과는 회로의 발전으로 이어졌습니다.

회로의 발전은 새로운 소자*의 출현으로 더욱 가속화되어 지금의 반도체 앰프는 1990년대에 이미 개발이 완료되었다고 해도 과언이 아닐 정도로 표준화되었습니다. FET 입력에 캐스코드Cascode와 결합하는 정전류 부하를 채용한 초단 차동 증폭 회로, 커런트 밀러 회로를 채용한 정전류 부하의 프리드라이브 회로, 소전력 FET에 의한 드라이브 회로, 대전력 트랜지스터에 의한 다단 병렬 연결의 순 콤플리멘트리Complementary

---

* 대전력 PNP트랜지스터, 소신호 FET와 대전력 MOS-FET 등등.

출력 회로 등등이 현재 표준화된 반도체 앰프의 전형적인 구성입니다. 이제 반도체 앰프는 새로운 개념의 능동 소자가 출현하기 전까지는 회로의 개선을 통하여 성능을 향상시키기 어려울 정도로까지 발전하였습니다. 그러나 이 역시 저의 생각일 뿐, 다른 각도에서의 회로 기술 발전은 지금도 끊임없이 이루어지고 있을 것입니다.

이제 여러분에게 질문을 드리겠습니다.

싱글앰프와 푸시풀앰프 소리를 구분하여 들으실 수 있습니까?

오디오 경험을 어느 정도 가진 사람이라면 대부분 그렇다고 답하실 것이고, 또 이 정도의 구분은 하셔야 합니다. 우리는 오디오 마니아니까요.

그렇다면 무슨 이유로 같은 진공관과 같은 부품을 사용했는데도 불구하고 음의 차이가 나타나서 우리는 그것을 구분할 수 있는 걸까요?

이것이 제가 여러분에게 올리고 싶은 말씀입니다. 즉, 회로가 바뀌면 음이 변하는 것이고 그 변화의 정도는 대부분의 사람들이 알 수 있을 정도라는 것입니다.

극적인 효과를 말씀드리기 위하여 싱글앰프와 푸

시풀앰프를 비교하였으나, 같은 싱글앰프들끼리도 회로의 차이가 있으면 다른 소리를 만들어 냅니다. 같은 300B 싱글앰프라도 5극관으로 1번 증폭하여 드라이브한 회로와 3극관으로 2번 증폭하여 드라이브한 회로의 앰프는 질적으로 다른 음을 들려줍니다. 또한 출력관으로 드라이브하는 회로에서는 음의 밸런스가 돈보이기 마련입니다.

그리고 푸시풀앰프에서도 괄목할 만한 성과가 이루어지고 있는데, 출력 부분을 효과적으로 개선한 디퍼런셜Differential 출력 회로는 기존의 푸시풀앰프가 가지고 있던 근본적인 문제를 해결하여 향상된 음질을 들려줍니다. 이렇듯 비록 반도체 앰프 회로와 비교될 정도는 아닐지라도 진공관 앰프의 회로도 계속 발전하고 있습니다.

앰프의 특성을
좌우하는
귀환 이론

어떤 원인에 의해 생긴 결과를 그 원인으로 되돌려 결과를 개선하는 귀환 이론은 생산 공정에서는 품질을 개선하는 방법으로, 일상생활에서도 목적하는 결과를 개선하기 위하여 흔히 사용하는 방법입니다. 이런 귀환 이론은 전자 회로에도 적용되어 성능 개선은 물론, 각종 제어회로가 만들어지고 있습니다. 그런데 오디오와 귀환 이론과 관련하여 청감에 있어 여러 가지 의견들이 있으므로 그 부분에 대하여 상세히 말씀드리고자 합니다.

귀환을 거는 방법 중에 입력 파형과 같은 위상으로 입력 측에 되돌리는 방법을 정귀환Positive Feedback, 그 반대를 부귀환Negative Feedback이라고 합니다. 정귀환은 발진 회로에 사용하며, 부귀환은 앰프 성능을 개선시키려는 목적으로 사용합니다.

부귀환은 다시 전류 부귀환과 전압 부귀환으로 분류

되며 전류 부귀환은 임피던스를 높이는 쪽으로, 전압 부귀환은 임피던스를 낮추는 쪽으로 작용합니다. 실제 회로에서는 이 두 가지 부귀환을 적절히 사용하여 입력 임피던스는 높이고 출력 임피던스는 낮추어 이상적인 앰프를 만들고 있습니다.

오래 전에 발표된 메이커제 부귀환 진공관 앰프에는 6~20dB 정도의 귀환이 걸리는 것이 일반적이었습니다. 그런데 앰프 역사의 후기로 갈수록 앰프의 부귀환 량이 많아지는 것을 확인할 수 있습니다. 그리고 그러한 현실에 반발하듯 부귀환 이론이 확립되기 전에 생산된 무귀환 진공관 앰프가 명기라고 인정받는 경우도 많이 있습니다. 그래서 부귀환이 있는 것이 좋은지, 또는 없는 것이 좋은지 의견이 갈리게 되는 것입니다. 그렇다면 부귀환을 걸었을 때의 특징을 살펴볼 필요가 있습니다.

앰프에 부귀환을 걸었을 때의 변화를 보면 다음과 같은 현상들이 발견됩니다.

1. 긍정적인 특성의 변화
·주파수 특성이 개선되어 광대역 앰프를 쉽게 제작 가능하다.

·왜율이 부귀환량에 비례하여 낮아진다.

·전원 전압의 변화에 따른 이득의 변화가 없다. 따라서 안정도가 향상된다.

·잡음이 줄어들고 S/N비가 향상된다.

2. 부정적인 특성의 변화

·과도 특성이 나빠진다.

·부귀환량이 증가할수록 발진의 가능성이 높아져 부하에 따라 발진하는 경우가 있다.

위의 변화 내용을 보면 알 수 있겠지만, 부귀환을 걸면 대부분의 특성들이 향상됩니다. 이렇게 향상되는 전기적 제원들은 제작자 입장에서 보면 획기적인 일입니다. 그래서 한때는 "이 앰프에는 몇 dB의 부귀환을 걸었다. 그래서 이렇게 우수한 특성을 확보했다"는 광고를 하던 때도 있었습니다. 확실히 위에서 나열한 네 가지의 긍정적인 변화 항목들은 부귀환이 많아지면 그만큼 향상되어 나타납니다. 그래서 부귀환 만능 시대가 한동안 이어졌습니다.

그러나 부귀환으로 얻는 특성 중에 나빠지는 항목도 있습니다. 바로 과도 특성입니다. 과도 특성은 '입력되는 신호파형에 얼마나 빠르게 작용하느냐?'의 정도를 나타내는 것으로 부귀환량이 많을수록 반비례하여 나빠집니다.

음악 신호는 매우 빠르게 변화하므로 과도 특성은 중요한 특성 중 하나인데도 이 항목의 수치를 발표하는 회사는 없었습니다. 이 과도 특성이야말로 음질의 특색을 결정짓는 중요 요소 중 하나인데도 불구하고 말입니다. 그리고 과도 특성 측면에서는 진공관 소자의 우수성이 인정되고 있습니다.

'부귀환 이론은 반도체 앰프를 위한 것'이라는 말이 있을 정도로 부귀환은 반도체 앰프에서는 반드시 필요하고, 진공관 앰프에서는 적절히 사용하면 좋은 결과를 얻을 수 있습니다. 따라서 부귀환에 관한 부분은 설계자의 안목과 음악적 이해가 필요한 부분이라고 볼 수 있습니다.

한편 귀환을 아예 걸지 않는 무귀환 앰프가 있습니다. 무귀환 앰프는 우수한 과도 특성으로 음의 생동감이 느껴진다는 특징이 있습니다. 반도체 앰프는 근본적으로 왜율이 많아 무귀환 앰프를 적용할 수 없습니다. 반면 진공관 앰프에서는 무귀환 앰프가 가능합니다.

그러나 무귀환 앰프는 부귀환으로 인한 전기적 개선을 취할 수 없는 상태의 앰프입니다. 따라서 무귀환 앰프는 정밀 회로 설계와 수준 높은 전원부, 합리적인 실장 기술이 확보되지 않는다면 제대로 된 앰프로서 실용

될 수 없습니다. 무귀환 앰프를 쉽게 볼 수 없는 이유입
니다.

과도 특성이
좋은
소리

오디오를 취미로 하다 보면 과도 특성이란 말을 종종 듣게 됩니다. 이 과도 특성에 대하여 깊이 이해하려면 복잡해질 수도 있지만, 오디오 마니아로서 상식적인 정도만 이해하려 한다면 그리 어렵지도 않다고 생각합니다. 과도 특성은 아날로그 회로뿐만 아니라 디지털 회로에서도 중요한 항목입니다만, 여기서는 오디오와 밀접한 내용만을 말씀드리겠습니다.

과도 특성은 사실 '과도 응답 특성'이라고 표현하는 것이 정확합니다. 저항과 콘덴서, 그리고 능동 소자로 구성되는 전자 회로에서는 입력되는 신호와는 다르게 지연되는 현상이 발생합니다. 특히 OP AMP의 사용이 증가하면서 OP AMP에 입력되는 펄스성 신호에 얼마나 빠르게 반응하는지의 정도를 슬루 레이트Slew Rate라는 항목으로 분류하여 수치로 표현하기 시작하였습니다.

텍사스 인스트루먼츠에서 생산되는 OPA2704

다음은 OP AMP인 OPA2704의 슬루 레이트 특성입니다.

3V/us* 3MHz

위의 내용은 펄스성 신호가 OP AMP에 인가될 경우, 백만 분의 1초 동안에 3V가 출력된다는 것을 나타내고 있습니다. 그리고 주파수가 변화하면 이 수치도 변화하므로 측정한 주파수인 3MHz도 같이 표시하고 있습니다.

이런 이유로 소리가 앰프를 경유하게 되면 어느 정도 시간이 지연됩니다. 이는 전자 회로 구성에 있어 콘덴서와 저항에 의해 필연적으로 발생하는 현상입니다. 그리고 부귀환의 양에 의해서도 많은 영향을 받습니다.

* microsecond.

과도 특성이 중요한 까닭은 앰프가 매우 빠르게 변화하는 음악 신호를 추종하여 올바른 모양으로 증폭을 할 수 있는지에 관련된 내용이기 때문입니다.

반도체 소자는 왜율이 많아 앰프를 설계할 때 부귀환에 의존하지 않으면 실용적인 앰프를 제작할 수 없기에 많은 양의 부귀환을 사용합니다. 앰프의 구성에 따라, 또는 사용 목적에 따라서 정도의 차이는 있지만 작게는 40dB, 많게는 60~80dB 정도의 부귀환을 적용하여 설계합니다.

이 내용을 고무풍선의 예로 설명해 보겠습니다. 고무풍선은 동그랗지만 위에서 누르면 옆으로 늘어나며 둥그란 모양에서 평탄한 모양으로 늘어나게 됩니다. 터지지 않을 정도로 최대한 눌러보면 더욱 옆으로 늘어나 평평해지는 면적은 더 늘어납니다. 부귀환의 작용도 이와 같아서 부귀환량이 많을수록 주파수 특성은 좋아집니다.

앰프에서 부귀환이 걸리기 전의 특성을 '나裸특성'이라고 합니다. 나특성 상태의 주파수 특성은 중역은 이득이 높지만 저역이나 고역으로 갈수록 감소합니다. 이런 상태에서 부귀환을 걸면 부귀환에 비례하여 주파수 특성이 좋아집니다. 고무풍선을 위에서 눌러 평평하게 만든 것처럼 부귀환을 많이 걸면 걸수록 주파수 특성은 좋아지게 됩니다.

이렇듯 주파수 특성의 향상 현상은 부귀환을 적용하였을 때 얻어지는 대표적 장점입니다. 그 외에도 잡음이 감소하고, 왜율이 내려가며, 안정도가 향상된다는 부수적인 장점도 있습니다. 그러나 얻는 것이 있다면 잃는 것도 있는 것이 세상의 이치이듯, 부귀환이 깊어질수록 입력 신호에 반응하는 정도는 늦어집니다.

다시 OPA2704에 대한 슬루 레이트 특성을 보겠습니다.

3V/us 3MHz

이 스펙은 대략 20여 년 전 오디오용으로 흔히 사용되던 OP AMP의 슬루 레이트에 대한 내용이며 지금은 수백 볼트/us의 스펙을 가진 OP AMP가 흔합니다.

그런데 OP AMP는 원래 오디오 전용이 아닙니다. 따라서 어떤 용도로 어떻게 사용될지 알 수 없기에, 이득 1배로 사용할 경우에도 발진發振하지 않도록 내부에 회로적 조치가 되어 있습니다. 이런 조치로 인하여 고역으로 갈수록 이득이 감소하는 결과가 나오게 됩니다. 정리하자면 저역의 이득은 그 OP AMP가 갖는 최대치의 이득을 갖고 있지만 고역으로 갈수록 이득이 저하하기 시작하여 보통 수MHz에서는 이득을 거의 갖지 못하는 상태가 됩니다. 이때는 OP AMP 자체의 이득도 저하하기 시작하여 부귀환도 제로 상태가 됩니다.

즉, 이득이 전혀 없고 부귀환이 전혀 걸리지 않는 상태의 수백 볼트/us 스펙은 아무런 의미를 갖지 못합니다. 이런 허상의 수치를 발표하는 것이 상술인지는 모르겠지만 제시된 수치로 앰프의 성능과 소리의 퀄리티를 가늠하는 소비자 입장에서는 분명, 도움이 되지 못할 것입니다.

조금 더 설명을 하자면, 이것은 OP AMP를 오디오용으로 사용하게 되면 주파수가 낮아질수록 더 많은 부귀환이 걸리게 된다는 의미입니다. 그리고 이때 가장 낮은, 소위 나쁘게 표현되는 슬루 레이트 특성을 갖습니다.

가장 높은, 즉 좋게 표현되는 슬루 레이트 특성은 부귀환이 가장 적게 걸리는 주파수대이며 메가 헤르츠 MHz로 표현되는 주파수입니다.

이렇게 조건 불문, 가장 좋아지는 상태에서의 수치이지만 자세한 내용을 모르는 사람은 제시된 슬루 레이트 특성을 그대로 믿을 뿐만 아니라, 가청 주파수대

20~20,000Hz*에서는 더 좋은 특성일 것이라고 생각하기도 합니다. 제시된 주파수대가 수 메가 헤르츠이니 그렇게 생각하는 것은 너무도 당연합니다. 그 결과 많은 사람들이 과도 특성이 좋아져도 음질은 좋아지지 않는다는 생각을 갖게 되었습니다.

그러나 과도 특성이 좋은 앰프는 음질이 좋은 것이 맞습니다. 과도 특성이 좋은 앰프의 음질은 상큼하며 통통 튀고 음이 생기 있게 들립니다. 진공관 앰프가 반도체 앰프와 비교되는 몇 가지의 항목이 있지만 수치상이 아닌 실제의 과도 특성이 우수하다는 것도 중요한 장점 중 하나입니다.

지금까지의 내용을 정리해 보자면, 반도체 앰프가 진공관 앰프에 비하여 댐핑 팩터가 매우 높은 것은 부귀환의 양이 많기 때문입니다. 증폭 회로 내에 콘덴서가 존재하지 않아 더욱 우수해야 할 반도체 앰프의 과도 특성이 진공관 앰프에 비해 못한 것도 부귀환이 많이 걸리고 있기 때문입니다. 그러나 반도체 앰프는 부귀환

* 교류는 +−가 교차하며 흐르는 것이다. 그리고 교류 중에서도 극성이 교차하는 정도가 빠른 것이 있고 느린 것이 있다. 사람의 가청 주파수는 20Hz~20,000Hz라고 한다. 20Hz는 1초 동안에 +−가 20번 교차한다는 것을 뜻하며 20kHz는 1초 동안에 20,000번 교차하는 것을 뜻한다. 즉, 가청 주파수는 +−가 비규칙적으로 교차하는 교류라고 생각할 수 있다.

을 걸지 않고는 사용할 수 없을 정도로 소자 자체의 왜율이 큽니다. 그 결과 부귀환을 줄일수록 음질의 특성이 나빠진다는 기본적인 특성을 가지고 있습니다. 이것이 무귀환이나 적은 양의 부귀환으로 인하여 좋은 과도 특성을 가질 수 있는 진공관 소자가 반도체 소자보다 오디오적으로 우수할 수 있는 이유입니다.

능동 소자의 접지로 바뀌는 특성

　이상적인 앰프란, 입력 임피던스는 가능하면 높은 것이 좋고 출력 임피던스는 가능하면 낮을수록 좋습니다. 이런 임피던스 특성이 각 소자별로 구성된 앰프의 경우에는 어떻게 작용할까요?

　우선 능동 소자 중 트랜지스터의 경우를 말씀드리겠니다.

　트랜지스터는 베이스, 에미터, 콜렉터라고 명명된 세 개의 단자를 가지고 있습니다. 트랜지스터는 전류로 구동되는 특성 상 베이스로 전류가 흐릅니다. 그렇기 때문에 입력 임피던스가 낮습니다. 그리고 콜렉터와 에미터 간의 높은 내부 저항으로 인해 출력 임피던스가 높습니다. 이 세 개의 단자 중 어느 단자를 접지하느냐에 따라 각각 독특한 작용을 합니다. 각 접지에 의한 특징은 다음과 같습니다.

왼쪽에서부터 TIP42C, TIP122, KSE340 트랜지스터

1. 에미터 접지

·가장 많이 사용하는 방식으로 베이스에 입력을 넣고 콜렉터에서 출력을 꺼냄.

·중간 정도의 입력 임피던스와 높은 출력 임피던스를 가짐.

·증폭 이득은 가장 높지만, 왜율 특성과 주파수 특성은 가장 나쁨.

·에미터가 교류적으로 접지되어 있음.

2. 베이스 접지

·에미터에 입력을 넣고 콜렉터에서 출력을 꺼냄.

·매우 낮은 입력 임피던스와 중간 정도의 출력 임피던스를 가짐.

·비록 이득은 작지만, 왜율이 적고 주파수 특성이 좋음.

·베이스가 교류적으로 접지되어 있음.

3. 콜렉터 접지

·베이스에 입력을 넣고 에미터에서 출력을 꺼냄.

·이득은 항상 1보다 작음.

·높은 입력 임피던스와 낮은 출력 임피던스를 가짐.

·내부에서 100%의 부귀환이 걸려 있으므로 왜율이 적고 주파수 특성이 좋음.

·입력 임피던스와 출력 임피던스의 차를 이용하여 버퍼단으로 주로 사용됨.

·에미터 팔로워Emitter Follower라는 명칭을 사용하기도 함.

위의 트랜지스터에서의 접지 방식별 특성은 진공관 소자에도 다음과 같이 그대로 적용됩니다.

·에미터 접지는 캐소드 접지

·베이스 접지는 그리드 접지

·콜렉터 접지는 플레이트 접지 또는 캐소드 팔로워

이렇듯 접지 방식에 따라 변하는 소자의 특성을 이용하여 원하는 전기적, 음질적 특성을 얻을 수 있으며, 입력 임피던스를 높이고 출력 임피던스는 낮추는 회로를 구성하기도 합니다. 그리고 트랜지스터는 이득이 매우 높으므로 이득의 일부를 부귀환으로 이용하여 이상적인 임피던스로 보정하는 역활을 합니다.

1. 병렬 부귀환

이득이 높은 에미터 접지 방식에서 주로 사용되며 콜렉터에서 베이스로 입력의 일부를 되돌려 주는 방식입니다. 귀환용 저항으로 인하여 입력 임피던스와 출력 임피던스가 모두 낮아집니다.

2. 직렬 부귀환

2단 이상으로 구성된 앰프에 사용됩니다. 출력으로 나타난 신호를 입력단의 에미터로 보냅니다. 귀환용 저항이 입력단에 병렬로 작용하지 않으므로 입력 임피던스가 낮아지는 일은 없습니다.

실용 회로에서는 직·병렬 부귀환 회로를 적절히 조합하여 입력 임피던스는 더욱 높이고 출력 임피던스는 더욱 낮추고 있습니다. 그런데 이런 과정에서 나타나는 특성 중 하나가 댐핑 팩터가 높아진다는 것입니다.

지금까지 설명한 내용을 모두 이해하기는 어려울 것

입니다. 그러나 소자의 특징적인 차이를 조금이라도 이해하였다면 그것만으로도 충분하다고 생각합니다.

댐핑 팩터와
음질의
상관관계

댐핑 팩터Damping Factor는 앰프의 스피커 제동 능력을 나타내는 수치입니다. 댐핑 팩터는 부하 임피던스에 출력 임피던스를 나눈 값입니다. 가령 스피커의 임피던스가 8옴이고 앰프의 출력 임피던스가 0.01옴이라면 다음과 같은 계산이 나옵니다.

$$0.01(\Omega)/8(\Omega)=800$$

여기서 댐핑 팩터는 800이 되며, 실제로는 1,000 이상의 댐핑 팩터를 갖는 경우도 흔합니다.

진공관 소자는 전압으로 구동되는 특성 상 입력 임피던스가 매우 높으며, 출력 임피던스도 높습니다. 반도체 앰프는 출력 임피던스가 낮아 스피커와 직결할 수 있지만, 진공관에서는 스피커의 임피던스를 맞추기 위하여 임피던스 결합용 트랜스를 사용합니다. 이 트랜스는 종단의 부하로서도 작용하므로 출력 트랜스라고 부릅니다. 이러한 소자의 특성과 회로적 구성 때문에 진공관 앰프는 댐핑 팩터가 매우 낮습니다. 댐핑 팩터는 부귀환이 다량으로 걸리는 반도체 앰프에서는 최소 100 이상이 되지만 무귀환 형식의 진공관 앰프에서는 5~15 정도가 일반적입니다.

그런데 진공관 앰프라도 부귀환의 양이 많은 경우에는 댐핑 팩터의 수치가 조금 더 올라갑니다. 그 이유는 부귀환 양이 많을수록 앰프의 출력 임피던스가 낮아지기 때문인데, 댐핑 팩터란 스피커의 임피던스에 앰프의 출력 임피던스를 나눈 값이기 때문입니다.

댐핑 팩터가 음질에 어떤 영향을 주는지 알아보기 위하여 다른 관점에서 말씀드리겠습니다. 댐핑 팩터가 높으면 앰프 쪽에서 스피커를 제어하는 능력이 높아져 정현파를 재생할 때 스피커의 여분의 동작이 발생하지 않습니다. 그러나 댐핑 팩터가 낮으면 정현파가 재생될 때 스피커의 제동이 확실하게 이루어지지 않아 작은 진동이 남게 됩니다. 이것은 잔잔한 호수 위에 돌을 던지게 되면 처음에는 큰 물결의 파동이 일어나지만 근원지에서 멀어질수록 파동이 작아지면서 사라지는 현상과 같습니다. 이런 파동 현상처럼 댐핑 팩터가 작은 앰프는 원래의 파형 외에 작은 파형이 뒤따라 만들어져 이것이 마치 잔향 효과와 같은 음으로 되는 것입니다.

그런데 앰프의 부귀환이 많아질수록 댐핑 팩터는 증가하지만, 그와 더불어 진공관 고유의 고조파는 감쇠됩니다. 이런 경우 진공관 고유의 음색을 잃게 된다는 단점이 있습니다.

결국 댐핑 팩터를 향상시킬 수 있는 유일한 방법은 부귀환의 도움을 받아야 가능한 것이고, 댐핑 팩터가 높은 앰프란 부귀환이 많이 걸린 앰프라는 것으로 정리됩니다. 그리고 앰프의 음질이란 구동력 한 가지에 의해서 정해지지 않기에 댐핑 팩터 또한 앰프의 여러 특성들 중 하나라는 관점에서 바라볼 필요가 있습니다.

임피던스란
무엇인가?

전자 회로는 크게 교류를 통과시키는 부품인 콘덴서와 직류를 통과시키는 부품인 코일, 그리고 직류와 교류에 대하여 같은 저항값을 갖는 부품인 저항으로 구성되어 있습니다. 그런데 이런 구성으로 인하여 직류적인 저항과 교류적인 저항이 같지 않습니다. 각각의 저항값을 갖는 회로라 하더라도 결국 음악 신호인 교류를 증폭한다는 개념에서 생각하게 되면 직류 저항과 교류 저항은 병렬로 작용하게 됩니다.

임피던스란 직류 저항과 교류 저항을 병렬로 연결해 놓은 상태의 합성 저항값을 말하는 것입니다.

이상적인 앰프의 조건으로 입력 임피던스는 무한대이며 출력 임피던스는 제로Zero일 것이 요구된다고 합니다. 그 이유는 앰프의 입력 임피던스가 공급원의 출력 임피던스와 병렬로 결합되기 때문입니다. 이때, 입력 임피던스가 작을 경우에는 공급원의 부하가 작아지는 쪽으로 작용하여 이득이 감소하게 됩니다. 즉 손실이 발생합니다. 그런데 만약 공급원의 출력 임피던스가 항상 1kΩ 이하 수준으로 낮다고 보장만 된다면 입력 임피던스는 굳이 높을 필요가 없습니다.

예를 들어 출력 임피던스가 600Ω인 CD플레이어에 10kΩ의 입력 임피던스를 가진 앰프를 매칭했을 때 합성 임피던스는 566Ω이 됩니다. 이 결과는 원래의 출력 임피던스 600Ω과 비교해도 큰 차이가 없어 앰프에 거의 영향을 주지 않습니다.

결국 입력 임피던스가 무한대라는 조건은 공급원의 출력 임피던스가 어떤 것인지 모른다는 전제 하에 최소의 손실을 목표로 정해진 이론입니다. 따라서 비교적 출력 임피던스가 낮은 반도체 앰프에서는 입력 임피던스가 10kΩ~50kΩ 정도, 비교적 출력 임피던스가 높은 진공관 회로에서도 100kΩ~500kΩ 정도면 문제될 것이 없습니다.

그렇다고 입력 임피던스를 계속 높게 되면 손실이 적어지는 반면 외부 험의 유입이 그만큼 쉬워져 불리할 때가 있습니다. 심할 경우 전파가 유입되어 라디오 소리가 날 때도 있습니다.

출력 임피던스가 특히 중요한데 이것이 높게 되면 주파수 특성이 쉽게 악화되는 특성이 있습니다. 특히 고역 쪽에서 그렇습니다. 이것은 출력 인터케이블의 분포 용량*이 종단의 부하 저항과 병렬로 합쳐진 것과 같이 작용하므로 고역에서의 이득이 감쇠하기 때문입니다. 이를 방지하기 위해서는 출력 임피던스를 가능한 한 낮추든가 출력 인터케이블의 길이를 가능한 한 짧게 할 필요가 있습니다.

이상의 조건들을 검토하면, 앰프의 출력 임피던스를 최대한 낮추는 것이 모든 면에서 유리합니다. 그래서 단품으로 판매되는 음향 기기들은 대부분 출력 임피던스가 매우 낮게 설계되어 있습니다.

다만, 빈티지 기기들 중에는 출력 임피던스가 10 kΩ 이상 되는 기기도 있으므로 이를 효과적으로 매칭하기 위해서는 어느 정도 높은 입력 임피던스를 갖는 기기가 유리할 때도 있습니다.

* 콘덴서 성분.

자기 바이어스로 만드느냐
고정 바이어스로 만드느냐

진공관을 사용한 증폭 회로에서 정상적인 파형을 증폭하려면 바이어스 전압이 필요하게 됩니다. 그래서 진공관 앰프 설계자는 고정 바이어스와 자기 바이어스 중 한 가지를 선택하여 설계하게 됩니다.

바이어스 전압이 필요한 이유는 온전한 파형을 증폭하기 위한 것입니다. 바이어스 전압 없이 증폭 회로를 구성하게 되면 파형의 한쪽 면만 증폭하게 되기 때문입니다.

바이어스 회로를 구성하는 대표적인 방식 중 하나는 자기Self, 또는 자동Auto 바이어스입니다. 흔히 자기 바이어스라고 합니다.

자기 바이어스의 특징은 회로가 간단하며 바이어스용 마이너스 전압을 스스로 만들어낸다는 데 있습니다. 따라서 진공관의 불균일이 있더라도 설계자가 설정한 전류로 자동 세팅됩니다. 이런 이유로 자동 바이어스라고 불리기도 합니다.*

이 방식은 진공관이 열 폭주에 빠지지 않도록 스스로 보호하는 작용도 있으므로 그리드 저항을 크게 할 수 있다는 장점이 있습니다. 증폭 회로에서 그리드 저항을 크게 할 수 있다면 같은 조건에서도 이득을 크게 얻을 수 있습니다.

다만 결점도 있습니다. 바이어스 전압을 얻기 위한 저항에서 바이어스 전압만큼이 B+ 전압에서 손실로 되므로 그만큼 B+ 전압을 높여야 합니다. 그리고 앰프가 정상 동작할 때도 캐소드의 바이어스 저항은 전류의 흐름을 방해하는 작용을 하므로 대출력일 때 왜율이 증가합니다.

이런 결점들에도 불구하고 자기 바이어스는 바이어스 전압을 사용자가 직접 조정할 필요가 없다는 장점이 있기에 가장 많이 채택되는 방법이기도 합니다. 반면 특성을 중시하는 고급 앰프에서는 채택하기 어려울 수 있습니다.

또 하나의 방식인 고정Fixed 바이어스는 진공관에서 필요한 마이너스- 바이어스 전압을 별도의 회로에

---

* 그런데 진공관 앰프에서는 진공관의 편차로 인하여 이 세팅이 완벽하게 일치하지는 않는다. 이 문제를 보완하기 위하여 진공관 특성을 맞춘 페어 또는 쿼드 단위의 선별관을 사용하는 것이 좋다.

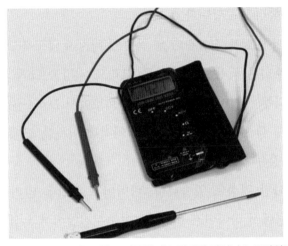

고정 바이어스 조정을 위한 준비물인 테스터기와 마이너스 드라이버

서 만든 후, 가변 저항을 통해 바이어스 전류를 조정하는 방식입니다. 이렇게 조정에 의해 원하는 바이어스 전류로 고정한다고 하여 고정 바이어스라 부릅니다.

고정 바이어스 방식은 진공관의 불균일을 최적으로 조정할 수 있다는 점과 동일한 전원 전압일 때 자기 바이어스보다 큰 출력을 얻을 수 있으며 대출력일 때 왜율이 적다는 장점 때문에 고급 앰프에 채택되고 있습니다. 그러나 자기 바이어스에서는 필요하지 않았던 C 전원* 회로가 필요하며 소비자가 바이어스 전압 조정을 직접 해야 한다는 결점이 있습니다. 이 부분은 메이커

* 마이너스 바이어스 전압.

입장에서 보면 불리한 항목으로 대부분의 메이커 진공관 앰프에서 고정 바이어스가 아닌 자기 바이어스를 채택하는 이유가 됩니다.

어떤 메이커 앰프에서는 자기 바이어스를 채택하였기에 다른 진공관, 즉 핀 배열이 같은 5극관 계열의 진공관을 별도의 조정 없이 바꾸어 꽂을 수 있다고 선전하기도 합니다. 하지만 그 선전이 딱히 틀린 말은 아니어도 음질적으로는 평균보다 하향인 결과를 가져옵니다. 오히려 진공관을 바꾸어 꽂으며 음질의 변화를 즐기려면 고정 바이어스 방식을 채택한 앰프를 선택해야 최적의 바이어스 전류로 조정하여 그 진공관의 특성을 최대한 끄집어 낼 수 있게 됩니다.

아무래도 일반적인 메이커 앰프에서는 선택의 여지 없이 자기 바이어스 방식이 주류를 이루고 있지만, 앞서 말씀드린 대로 성능이 우수해서가 아니라 전문 지식이 없는 일반 애호가들을 대상으로 하기에 선택된 것입니다. 왜율 및 출력 특성을 보면 고정 바이어스가 우수합니다. 그리고 고정 바이어스는 자기 바이어스 방식에서 부귀환을 막기 위해 사용되는 용량이 큰 전해 콘덴서를 사용하지 않기에 음질의 향상에 유리합니다.

반면 고정 바이어스 방식은 열 폭주에 대한 배려가

있어야 하며 바이어스 조정용 반고정 가변 저항VR*이 접촉 불량이면 바이어스 제로 상태가 되어 진공관에 최대의 전류가 흐르므로 이 상황에 대한 배려도 있어야 합니다. 물론 이 부분들을 고려하여 기술적으로 모두 해결 가능하게끔 세심하게 설계된 회로에서는 아무런 문제가 없습니다.

고정 바이어스는 그리드 저항을 크게 하면 열 폭주에 이르는 경우가 있습니다. 그래서 고정 바이어스는 자기 바이어스와는 달리 진공관을 보호하는 작용이 없으므로 그리드 저항의 크기를 진공관 제조 회사에서 엄격하게 제한할 것을 규격표에 명기해 놓습니다. 따라서 그리드 저항을 크게 할 수 없으므로 앰프의 회로 설계가 어려워지고 설계자에 따라 우열의 차이가 많이 나는 회로입니다.

고정 바이어스와 자기 바이어스의 장점을 모두 취하려 고안된 방식이 반고정 또는 혼합 바이어스라 불리는 방법입니다. 필요한 바이어스 전압은 자기 바이어스로부터 일정 전압을 얻고 고정 바이어스로 나머지 부분을 채워 아이들링 전류를 설정할 수 있게 한 방법입니다. 위에 열거한 바이어스 방식들의 장점을 취하려고 고안

---

* Variable Resistor.

된 것이죠. 이러한 반고정 바이어스는 우수한 특성을 가지지만 자기 바이어스와 고정 바이어스에 소요되는 회로가 모두 필요하고 설계자에 의해 성능의 차이가 크게 나타납니다.

바이어스 방식에 따른 각각의 장단점을 정리해 보겠습니다.

1. 자기 바이어스

장점: 사용자가 바이어스 전류를 조정 및 확인할 필요가 없다.

단점: 반드시 페어 또는 쿼드로 선별된 진공관을 사용하는 것이 좋다.

2. 고정 바이어스

장점: 선별관이 아니어도 좋다.

단점: 진공관이 바뀌면 반드시 바이어스 전류를 재조정하는 조치가 필요하며, 수개월에 한 번씩 확인할 필요가 있다.

트랜스는
어떤 작용을 하는가

   오래된 오디오 기기에서 떼어낸 트랜스는 부품의 개념으로 따로 판매되고 있는데 인기가 상당히 좋습니다. 특히 웨스턴 일렉트릭의 트랜스는 부르는 게 값이 되죠. 한정된 수량인데 찾는 사람은 많으니 당연한 결과입니다.

   웨스턴 일렉트릭의 트랜스 같은 빈티지 트랜스는 시대적 배경에 의한 특별한 음질적 특성을 가지고 있는데 그것을 알고 찾는 사람, 혹은 막연히 동경하는 사람도 있을 것입니다. 이 부분은 트랜스의 전기적·음질적 특성을 이해하게 되면 자연스럽게 정리되리라 기대합니다. 트랜스의 내용을 자세히 알기 위해선 수준 높은 전자 이론은 필요하지 않습니다. 이제 트랜스의 구조와 원리, 그리고 트랜스가 음질에 미치는 영향에 대하여 자세히 알아보겠습니다.

   트랜스는 우선 교류의 전압 변환용으로 사용됩니다.

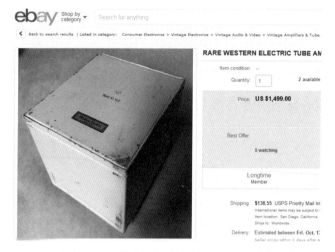

이베이에 1499달러에 올라온 웨스턴 일렉트릭의 희귀 트랜스

전압을 높이기도 하며 낮추기도 합니다. 이런 용도로 사용할 때 승압 트랜스 또는 다운 트랜스라고 합니다.

트랜스의 또 다른 쓰임은 직류를 차단하는 작용입니다. 직류와 신호 성분이 중첩되어 있는 회로에서 직류를 차단하고 신호 성분만을 다음 단으로 넘겨주는 역할을 합니다. 이런 용도로 사용할 때는 결합 트랜스, 또는 인터스테이지 트랜스라고 합니다.

마지막으로 트랜스는 임피던스 변환 작용을 합니다. 진공관의 높은 출력 임피던스와 스피커의 낮은 임피던스를 결합하여 효과적으로 전력을 공급하는 용도로 사용합니다. 이런 용도로 사용할 때는 매칭 트랜스라 하며 흔히 출력 트랜스라고 부릅니다. 반대로 입력의 낮은 임피던스를 진공관의 높은 입력 임피던스에 맞추기 위한 용도로 사용되기도 하는데 이때도 매칭 트랜스의 작용을 하지만 흔히 입력 트랜스라고 부릅니다.

코일에서
트랜스까지

에나멜선을 둥글게, 때로는 네모 모양으로 연속하여 감아 놓은 것을 코일이라고 합니다. 코일은 고주파용은 1회 정도 감은 것도 있고 저주파용은 수천 회 감은 것도 있으며 코어를 중심에 넣은 구조도 있습니다. 저주파용은 거의 코어를 사용하며 특별히 코어를 넣지 않은 코일은 공심 코일이라 부릅니다.

고주파용 코일에 사용되는 코어는 고주파 영역에서 손실이 적어지도록 만든 페라이트 코어를 사용하고 저주파용에서는 규소강판으로 만든 EI코어*가 주로 사용됩니다.

이 코일에 직류 전류를 흘리면 코일 내부에서는 기전력**이 발생하여 순간적으로 전류가 흐르지 못하게 합니

---

* 모양이 영문자 E와 I 같아서 이렇게 불린다.

** 도선에 전류계를 연결하고 자석을 근접하여 이동시키면 전류계의 지침이 흔들려 전류가 흘렀음을 알 수 있게 된다. 이때 자기장이 강

다. 그런데 직류는 한쪽 방향으로만 흐르므로 바로 기전력이 발생하지 않는 상태가 되는 것입니다.

결국 처음 직류가 흐르려 할 때 순간적으로 기전력이 발생하여 흐르려 하는 직류를 막아서지만 그 직후 기전력은 소멸합니다. 따라서 코일은 직류를 아무 저항 없이 흘릴 수 있게 됩니다. 이때 순간적으로 나타났다 사라지는 기전력은 반대의 극성을 가지고 있어 역逆기전력이라 합니다.

이번에는 코일에 직류가 아닌 교류를 흘려 보겠습니다. 코일에 교류가 흐르려 할 때, 순간적으로 역기전력이 발생하여 교류의 흐름을 막아섭니다. 그 후 역기전력은 사라지지만 +-의 위상이 교차하는 교류의 특성상 이번에는 역위상의 교류가 흐르려 하고 역기전력이 다시 막아서게 됩니다. 결국 교류의 흐름은 역기전력의 방해로 인하여 제한적이 되며, 이는 +-의 위상이 빨리 바뀔수록 즉, 주파수가 높아질수록 교류는 더욱 흐르기 어렵다는 의미입니다.

한 자석으로 실험하거나 자석의 이동 속도를 빠르게 할수록 전류계의 변화가 크게 일어난다. 이렇게 자기장 속에서 도선을 움직이면 유도 기전력(전자 유도 작용에 의해 발생하는 기전력)이 발생하게 되는데(도선 속에서 자기장을 움직여도 같은 조건임) 기억해야 할 점은 반드시 자기장이나 도선이 움직이는 순간에만 기전력이 발생한다는 것이다.

트랜스에 코일이 감겨 있는 모습

이번에는 조금 다른 실험을 해보겠습니다. 두 가닥의 에나멜선을 수십 회 겹쳐 감은 후 A측과 B측으로 구분합니다.* B측에 전류계를 연결하고 A측에 1.5V의 건전지의 +-를 연결하면 전류계의 지침이 순간적으로 흔들리게 됩니다.

분명 전류계에는 건전지의 전류가 흘러올 수 없는, 전기적으로 분리되어 있는 구조이지만 전류계가 움직인 것입니다. 그 전류는 유도 기전력이라는 전류로서 A측으로부터 유도된 전류입니다. 그러나 직류가 계속 흐르게 되어도 전류계의 변화는 더 이상 없습니다. 직류

* 트랜스의 형상이라고 생각하면 된다.

는 유도 전류를 만들어 내지 못하기 때문입니다.

이번에는 같은 실험 조건에서 B측에 전류계를 연결하고 A측에 1.5V의 교류 전압을 연결하면 B측에 연결된 전류계 지침은 어느 일정 지점을 가리키고 있게 됩니다. 이것은 계속하여 전류가 흐르고 있다는 의미입니다. +-가 교차하는 교류의 특성 상 끊임없이 유도 기전력이 만들어지고 있기 때문입니다.

코일은 교류에 대해서만 전기 저항을 갖도록 만든 부품입니다. 위 내용을 충분히 이해하였다면 코일이 왜 교류에만 전기 저항을 갖는지 자연스럽게 정리되었을 것입니다. 단위는 헨리H이며 1/1,000인 밀리 헨리 mH, 1/1,000,000인 마이크로 헨리uH라는 보조 단위가 있습니다.

지금까지 코일의 특성에 대하여 자세히 알아 보았습니다. 트랜스는 이 코일을 2조, 또는 그 이상 겹친 구조입니다. 결국 트랜스는 코어를 중심에 두고 코일을 겹쳐 감은 구조이기 때문에 코일이 갖는 특성을 그대로 가지고 있습니다.

트랜스의 1차 측에 직류를 흘리게 되면 1차 측이 갖는 코일의 직류 저항DCR에 상응하는 전류가 흐릅니다. 그때 2차 측에서는 접속 당시 발생했다 사라진 역기전력을 제외한 어떠한 전류의 변화가 없습니다. 즉,

오디오테크니카의 MC카트리지 AT-F3

트랜스는 직류에 반응하지 못하는 것이며, 직류와 교류가 중첩된 신호에서 교류 신호만을 꺼낼 수 있게 되는 것입니다.

이번에는 400Hz의 교류를 트랜스의 1차 측에 흘려 봅니다. 그러면 1차 측에 $2\pi fL^*$에 상응하는 전류가 흐릅니다. 그리고 2차 측에는 1차 측의 전류가 흐르며 생성된 유도 전류가 흐릅니다.

이때 2차 측에 나타나는 유도 전류는 1차 측에서 유도된 전류이기 때문에 똑같은 모양을 하고 있습니다. 상황에 따라 크기만 다를 뿐입니다.

* π : 원주율, f: 주파수, L: 인덕턴스

지금까지 전류 위주로 말씀드렸지만 전류가 흐르면 직류 및 교류 저항분에 의하여 전압이 발생하게 됩니다. 이러한 구조의 트랜스에 1차 측과 2차 측의 권선 횟수를 달리하면 1차 측에 입력된 전압보다 높거나 낮은 전압을 의도한대로 얻을 수 있게 됩니다.

예를 들어 턴테이블의 MC카트리지의 낮은 출력 전압을 크게 키우는 것을 승압 트랜스라 하며, 이는 트랜스의 기본적인 특성을 이용한 것입니다. 이런 승압 트랜스류는 1차 측은 작은 횟수의 코일이 감겨져 있고 2차 측에는 대단히 많은 횟수의 코일이 감겨져 있습니다.

트랜스가
음질에 미치는
영향

트랜스의 특성은 음질에 어떠한 영향을 줄까요? 이 부분을 알아보기 위해 주파수의 차이에 따른 변화를 파악해 보겠습니다.

앞서 '트랜스의 1차 측에 교류를 흘리면 2차 측에 같은 모양의 유도 전류가 흐른다'고 하였습니다.* 그렇다면 만약 20Hz와 1kHz의 주파수가 다른 교류를 흘려보면 어떤 차이가 있을까요?

주파수만 다른 같은 크기의 교류를 흘리고 2차 측에 유도되어 나온 전류의 크기를 살펴보면 주파수가 낮은 쪽의 크기가 작습니다. 그리고 주파수가 낮아질수록 크기는 점차 작아집니다.

주파수가 낮아진다는 것은 직류에 가까워진다는 것을 뜻합니다. 그런데 직류는 2차 측에 유도 전류를 만들어 내지 못합니다. 결국 주파수가 낮아지면 2차 측에

* 89쪽 참조.

유도되는 전류가 작아지는 것은 트랜스의 숙명입니다. 이 문제를 극복하기 위해서는 L성분*을 늘리면 개선되는데, 이는 코일을 많이 감으면 어느 정도 해결할 수 있습니다.

코일을 많이 감게 되면 당연히 크기가 커질 수밖에 없습니다.** 그런데 빈티지 트랜스의 크기는 한결같이 작습니다. 그 결과 빈티지 앰프의 저역 주파수 특성은 대부분 좋지 않습니다.*** 하지만 이렇게 제한된 저역은 깨끗하다는 인상을 줄 수 있으며 장시간 들어도 피곤하지 않다는 특징이 있습니다.

이번에는 고역에 관하여 알아 보겠습니다. 트랜스의 1차 측에 1kHz를 입력하고 2차 측에서 파형의 크기를 관찰합니다. 그 후 점차 주파수를 올려 보면 어떤 지점

* 인덕턴스Inductance를 지칭하는 것. 인덕턴스는 회로의 전류 변화에 대한 전자기 유도에 의해 생기는 역기전력의 비율을 나타내는 양, 즉 코일에 흐르는 전류가 변화되면 그 코일에 전압이 발생하는데, 이 전류 변화에 대해 발생되는 전압의 비율을 표시하는 양이다.

** 같은 횟수로 감은 트랜스라면 손실이 적은 코어를 사용한 트랜스의 저역이 우수하다.

*** 최근에 나오는 트랜스는 제작할 때 에폭시로 몰딩하지만, 지금과 같은 몰딩 재료가 나오기 전의 트랜스에서는 송진을 사용하여 몰딩 작업을 한 경우가 있었다. 송진을 사용한 것은 마땅한 몰딩 재료가 없었던 당시로서는 최선의 선택이었을 것이다. 그래서 오래된 트랜스 중에는 내부 누전이 발생하는 경우도 있다.

밑에서 본 275V 전원 트랜스

에 이르러 파형의 크기가 증가하는 지점이 있습니다. 그리고 계속해서 주파수를 올리면 계속 상승하다 급격히 파형의 크기가 소멸되는 지점이 있게 됩니다. 이 현상은 병렬 공진과 연관된 현상입니다.

코어에 코일을 감게 되면 코일 사이사이에 빈 공간이 생기게 됩니다. 아무리 세심하게 감는다고 해도 이러한 빈 공간을 근본적으로 없앨 수는 없지요. 이를 분포 용량이라고 합니다. 이렇게 코일 사이에서 만들어진 분포 용량은 코일과 작용하여 공진 현상을 만들게 됩니다. 이 현상을 병렬 공진이라 하며 공진된 주파수에 대하여 가장 높은 저항을 갖게 됩니다. 그 결과 2차 측에 유도

되는 전류가 증가하여 파형의 크기가 커지게 되는 것입니다. 그리고 계속 주파수를 올리면 병렬 공진 회로의 포화점을 지나 급격히 감쇠하게 됩니다.

고역에서 발생하는 이러한 공진 현상을 막으려면 분포 용량을 줄이면 됩니다. 따라서 분포 용량을 줄이기 위한 여러가지 권선 방법이 고안되었습니다.

이러한 공진 현상 때문에 빈티지 앰프는 고역의 특정 주파수에 대하여 마치 톤 콘트롤의 트레블을 강조한 것과 같은 현상이 발생하는 것입니다. 특히 공진 주파수가 3~5kHz 부근이라면 고역이 명쾌한 소리가 됩니다. 이런 특성의 앰프를 오래 들은 사람이 평탄한 특성의 앰프를 듣게 되면 고역이 밋밋하게 들리게 됩니다. 당연히 적응하기 어렵죠.

따라서 빈티지 트랜스의 음질적 특성은 대역이 좁기 때문에 만들어지는 아기자기한 맛에 있다고 할 수 있을 것입니다. 잡음의 근원인 높은 주파수가 자연스럽게 커트되고 100Hz 이하의 저역이 커트되어 저역이 부담 없이 들리기 때문입니다. 반면 이런 음질 특성은 광대역의 앰프를 선호하는 사람이라면 쉽게 받아들일 수 없을 것입니다.

초기에 만들어진 진공관 앰프 대부분은 이러한 협대역의 주파수 특성을 갖지만, 기술이 부족하여 이런 결과가 나왔다고 단언하기는 어렵습니다. 왜냐하면 그 당시 스피커가 그리 광대역이 아니었으며 음원 소스도 광대역이 아니었기에 그 수준에 맞추어 제작했다고 볼 수도 있기 때문입니다.

그러나 빈티지 기기라도 후기로 갈수록 주파수 특성이 좋은 앰프들을 만나게 됩니다. 결국 위에서 말씀드린 협대역에서 오는 음질 특성은 초기 빈티지 기기에 국한되는 내용이라 할 수 있습니다.

톤 콘트롤 회로가 없는 요즘 앰프, 괜찮은 걸까

간단한 게 좋다는 논리로 볼륨 하나 남겨 놓은 프리앰프들을 보면서 못내 아쉬운 것은 저 혼자만의 생각일까요. 요즘 하이엔드 프리앰프에서는 톤 콘트롤 기능을 찾아보기 힘듭니다. 이는 플랫한 주파수 특성이 최선이라는 전제 하에, 모든 소스기기와 스피커가 이상적이라는 조건을 염두에 두고 만들어진 결과물이라 볼 수 있습니다.

그러나 만약 청취 조건이 이상적인 조건이 아니라면, 이러한 하이엔드 프리앰프는 좋은 소리를 재현할 가능성이 낮아집니다. 그렇기에 하이엔드 프리앰프를 사용하는 애호가들의 다수는 어딘지 부족한 음감에 '스피커 때문인가! 앰프 때문인가!' 하며 혼란에 빠져 기기 바꾸기를 시작하게 되는 것입니다. 그러나 톤 콘트롤 기능을 적절히 사용하게 되면 혼란이 아닌 가슴에 와닿는 음악적 감동을 느끼실 수 있으리라 생각합니다.

음을 보정하여 취향에 맞는 소리로 재현하는 톤 콘트롤 회로는 크게 CR형*과 NFB형**으로 구분합니다.

CR형은 콘덴서와 저항의 감쇠 특성을 이용하며 프리앰프 초기부터 사용되었으며 과도 특성이 우수하다는 장점이 있습니다. 부귀환의 정도를 가감하여 톤 콘트롤 회로를 구성하는 NFB형은 1953년에 발표되어 많은 프리앰프에 실장되었으며 기계적 중점일 때 플랫한 주파수 특성을 유지합니다. NFB형은 부귀환에 의해 왜율이 개선된다는 장점이 있습니다.

그 외에 저역은 NFB형으로 하고 고역은 CR형으로 구성하는 경우도 있으며, 단계별로 유형을 조절할 수 있게끔 스위치에 의한 변환 방식도 있습니다. 또한 톤 콘트롤 회로를 건너 뛰어 출력되는 기능인 톤 디피트 Tone Defeat를 장착한 프리앰프도 있는데 이런 장치는 톤 콘트롤 회로를 사용함으로서 발생할 수 있는 전기적, 심리적 요인들을 해소합니다.

---

* Capacitor&Resister: 콘덴서와 저항. 콘덴서는 한국과 일본을 제외한 영어권 국가에서는 커패시터Capacitor라는 명칭으로 쓰인다.

** Negative Feedback: 부귀환.

03
앰프

진공관 앰프가
존재하는
이유

　진공관은 온도 면에서 안정되고 증폭 과정에서 발생하는 왜율이 작습니다. 반면 반도체는 열에 의해 특성이 쉽게 변하고 증폭 과정에서 나타나는 왜율이 높습니다.

　반도체 앰프가 복잡해 보이는 것은 진공관 앰프에서는 필요 없는 열 보상 회로와 왜율을 보완하기 위한 부귀환 회로가 중첩되면서 구조가 복잡해지기에 그렇습니다. 그렇게 복잡해진 회로에도 불구하고 반도체 소자에는 회로적으로 보완할 수 없는 특징들이 있는데, 그것이 반도체 앰프가 나온 시대에도 진공관 앰프가 존재하는 이유가 됩니다.

　어떠한 증폭 소자든 왜율이 없는 소자는 없습니다. 다만 정도의 차이에 의해 나타나는 왜율 특성은 음질에 영향을 줍니다. 이것이 어떠한 이유로 나타나는 현상인지 알아보겠습니다.

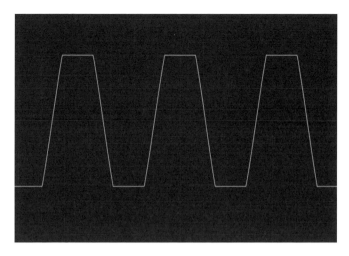

클리핑 포인트일 때 오실로스코프에서 보이는 모서리가 직선인 파형

진공관 앰프의 왜율 특성을 소프트 디스토션Soft Distortion 특성이라고 하며 반도체 앰프는 하드 디스토션Hard Distortion 특성이라고 합니다. 그렇게 부르게 된 이유는 다음과 같습니다.

진공관은 무귀환으로 사용하기도 하고, 부귀환을 적용하는 진공관 앰프라도 진공관 소자 자체의 이득이 작으므로 많은 부귀환을 적용할 수 없습니다. 그래서 출력이 커짐에 따라 서서히 왜율도 증가하지만, 클리핑 포인트Clipping Point*가 어딘지 명확하지 않습니다.

* 오디오 기기가 허용하는 한계 입력 또는 한계 출력 이상이 나타나는 현상.

실제로 오실로스코프를 통해 파형을 보면서도 어느 부분이 클리핑이 발생하는 지점인지 구분하기 모호합니다. 이것이 전형적인 진공관 앰프의 왜율 특성입니다. 그래서 진공관 앰프는 클리핑이 발생하여도 귀로 들어 구분하기 쉽지 않습니다. 한마디로 말하자면 진공관 앰프는 클리핑이 음질에 큰 영향을 주지 않습니다. 그래서 진공관 앰프를 소프트 디스토션 특성이라고 하며 여전히 1W+1W의 싱글앰프가 제작되어 쓰이고 있는 것입니다.

반면, 반도체 앰프는 높은 이득을 얻을 수 있으며, 소자 자체의 왜율을 개선하기 위하여 많은 양의 부귀환을 적용하고 있습니다. 덕분에 낮은 왜율 특성을 보이지만, 그로 인해 포화점에 근접하면 급격히 왜율이 증가하는 현상을 보입니다. 이는 진공관 앰프에서 클리핑 포인트를 구분할 수 없는 것과 비교되는 반도체 앰프의 특성이며 하드 디스토션 특성이라고 불리는 이유입니다.

조용한 밤에는 벽시계의 소리가 유난히 귀에 들립니다. 낮에는 전혀 들리지 않던 소리가 말입니다. 이렇듯 사람의 귀는 상대적으로 들린다고 합니다. 반도체 앰프는 비록 측정기 상으로는 왜율이 낮지만, 음악 재생 중에 출력이 증가함에 따라 왜율이 증가하고 클리핑 포인트에 근접하면 음이 급격히 탁해집니다. 이런 현상을 줄이기 위해서 반도체 앰프는 가능한 한 높은 출력의 앰프를 사용할 수밖에 없는 것입니다. 출력이 높은 앰프를 쓸 경우 출력에 여유가 있어 클리핑이 발생하는 빈도가 낮아지거나 클리핑이 발생하지 않는 선에서 사용할 수 있으므로 음질 개선에 도움을 주기 때문입니다. 따라서 반도체 앰프는 가능한 한 높은 출력의 앰프를 사용하는 것이 왜율 면에서 유리합니다.

앰프와
부귀환의
오묘한 관계

진공관을 이용한 앰프의 음질적 특성은 유연하고 때로는 달콤하며 온화한 온도감을 갖고 있다는 데 있습니다. 이런 음질 덕분에 진공관 앰프를 듣는다고 해야겠지요.

그런데 가끔은 이런 기대를 저버리고 유난히 고음 대역에서 부드럽지 못한 진공관 앰프를 보게 됩니다. 그 원인은 어디에 있는 걸까요?

결론을 말씀드리자면 부귀환이 깊게 걸린 앰프가 유독 이런 음으로 되기 쉽습니다. '잘 쓰면 약이요. 못 쓰면 독'이라는 말이 있습니다. 이 말이 앰프에 적용되는 부귀환이 음질에 미치는 영향을 잘 대변하고 있다고 생각합니다.

분명 부귀환은 앰프의 특성을 개선하고 음질을 향상시키는데 기여합니다. 그러나 부귀환이 적용되는 회로에서 위상 관리가 제대로 안 된 경우, 예기치 못한 현상으로 고생하게 될 뿐만 아니라 결코 좋은 앰프가 될 수 없습니다.

부귀환이란 출력 신호의 일부를 180도로 위상을 회전시켜 입력 측으로 되돌리는 것을 말합니다. 그런데 어떤 이유로 180도가 유지되지 못한 상태에서 입력 측으로 되돌려지면 위상이 벗어나는 정도에 따라 발진이나 부스트 현상이 생기게 됩니다.

부귀환을 비유하여 설명한다면 +10에서 -3를 더하면 7을 남기는 것과 흡사합니다. 여기서 +는 정위상, -는 역위상을 뜻합니다. 그리고 반드시 이득이 작아져야 부귀환입니다.

그런데 +10에서 +3을 더하면 13이 되는데 정위상의 파형에 정위상의 파형이 겹쳐지므로 겹쳐진 만큼 파형이 커집니다. 이런 현상이 앰프 내부에서 반복되어 나타나는 현상이 발진입니다. 그리고 이런 경우를 정귀환이 되었다고 말합니다. 그러므로 부귀환을 적용하여 목적하는 개선을 얻으려면 넓은 주파수 대역에서 위상이 변하지 않아야 한다는 전제가 필요합니다.

반도체 앰프는 다량의 부귀환을 적용해도 안정적으로 동작시킬 수 있습니다. 그것은 회로 내에 위상이 변화되는 커플링이 존재하지 않고 고역에서의 위상의 관리도 비교적 쉽기 때문입니다. 이런 이유로 80dB의 부귀환을 적용한 앰프도 존재합니다.

반면 진공관 앰프는 커플링 콘덴서가 최소 두 개소 이상 존재하고, 종단에는 출력 트랜스에 의해 위상의 회절이 발생되어 안정되게 관리할 수 없는 상태가 됩니다. 그래서 진공관 앰프는 다량의 부귀환을 적용할 수 없는 것입니다. 실제로 진공관 앰프에서는 20dB 정도의 부귀환도 안정적으로 적용하기 힘듭니다.

그럼에도 불구하고 진공관 앰프에 다량의 부귀환을 적용하게 되면, 높은 주파수 대역에서 불안정해지고 발진이 발생하기 직전 상태에서 동작하게 됩니다. 이때는 고음으로 갈수록 파형이 날카롭게 변합니다. 이런 현상은 회로 내의 위상 관리가 제대로 이루어지지 않아 특정 주파수 대역에서의 위상이 정위상으로 겹치면서 나타나는 것입니다. 이것이 고음 대역에서 거친 음질이 나오는 진공관 앰프가 존재하는 이유입니다.

이런 폐해에도 불구하고 많은 진공관 앰프들에서 부귀환을 다량으로 적용하는 경우를 보게 됩니다. 보여지는 수치가 화려해진다는 장점 때문입니다.

부귀환에 의해 개선되는 항목들로는 왜율 특성과 주파수 특성이 대표적입니다. 이 말을 다른 각도에서 해석하면 물량 투자가 조금 부족하여도, 주파수 특성이 조금 나빠도, 왜율이 조금 높아도, 모두 부귀환에 의해 개선될 수 있다는 것을 의미합니다.

한마디로 진공관 앰프에 부귀환을 적용하면 많은 노력을 들이지 않아도 개선의 정도가 수치로 나타납니다. 그러나 이것은 오직 저항 하나로 이룩한 결과입니다. 부귀환의 쉽지만 눈에 보이는 이러한 효과는 진공관 앰프 제작에서 부귀환의 유혹에 빠지게 되는 이유가 됩니다.

하지만 쉽게 얻는 것이 있다면 분명 잃는 것도 있습니다. 다량의 부귀환으로 얻어지는 거의 대부분의 특성은 정특성이라 불리우며 부귀환량에 비례하여 개선되지만, 동특성은 부귀환량에 비례하여 열화되어 갑니다. 동특성의 대표적인 특성이 과도 특성입니다. 앞서 말씀드린 것처럼 과도 특성은 입력되는 신호에 얼마나 빠르게 추종할 수 있느냐를 나타내며, 따라서 과도 특성은 음의 생동감을 느끼게 하는 요소로 작용합니다.

시중에는 다량의 부귀환을 적용한 진공관 앰프들이 의외로 많이 있습니다. 그러나 부귀환의 양이 많아질수록 반도체 앰프의 특성에 가까워진다는 것을 기억한다면, 음질만으로도 부귀환의 정도를 가늠할 수 있으리라 생각합니다.

LP를
진공관 포노앰프로
들어야 하는 이유

최근 LP가 다시 각광받는 현실을 보면 감회가 새롭습니다. 과거 1990년대만 해도 LP는 이사하는 집 앞의 쓰레기장에 수북하게 버려져 있던 집안의 천덕꾸러기였습니다. 그러나 CD에 밀려 사라진 줄 알았던 LP는 디지털 음원 시대를 맞이하며 극적으로 부활하였습니다. 그래서 아이유 같은 아이돌 가수도 자신의 앨범을 LP로 제작하는 걸 보면 유행이란 게 돌고 돈다는 말이 실감납니다.

오디오 앰프는 반도체 소자 또는 진공관 소자로 제작됩니다. 각각의 앰프는 소자가 갖는 특징으로 인하여 재현되는 음질도 다르기에 선호하는 앰프도 취향에 따라 다를 수 있습니다. 그러나 반도체 앰프의 음색이 마음에 들어 반도체 방식의 파워앰프와 프리앰프를 갖추었더라도 LP를 좋은 음질로 듣기 위해서라면 포노앰프가 필요합니다. 그리고 포노앰프만큼은 진공관식 포노

마스터 테이프를 리마스터링한 유재하의 「사랑하기 때문에」 LP(좌)
1980년대~90년대 가요들을 리메이크한 아이유의 「꽃갈피」 LP(우)

앰프를 사용하실 것을 권유합니다.

1. 포노앰프의 입력에는 볼륨이 없다

프리앰프에는 입력 레벨을 제한할 수 있는 볼륨이 있기에, 큰 레벨이 입력되어도 상황에 맞게 적절히 조절할 수 있습니다. 그러나 포노앰프의 입력에는 볼륨이 없습니다.

일반적인 파워앰프의 이득은 통상 20~30배 정도이며 프리앰프의 이득은 통상 10배인데 비해, 포노앰프의 이득은 통상 150배~200배로 앰프들 중 가장 높습니다. 그럼에도 불구하고 포노앰프 입력단에 볼륨을 부착하지 못하는 데에는 사연이 있습니다.

턴테이블의 카트리지에서 출력되는 신호 전압은 종류에 따라 다르지만 0.2mV~5mV 정도로 매우 낮습니다. 포노앰프 입력단에 볼륨을 부착하여 이 신호 레벨을 줄이게 되면 S/N비가 크게 악화됩니다. S/N비는 신호 대 잡음의 비교이기 때문에 신호 레벨이 작아지면 S/N비는 악화할 수밖에 없기 때문입니다. 특히, 볼륨이 회전하며 발생되는 노이즈가 포노앰프와 프리앰프, 파워앰프를 거치면서 크게 증폭되어 엄청나게 큰 충격음으로 들리게 됩니다.

따라서 포노앰프에는 볼륨을 부착하지 못합니다. 그리고 이런 사정 때문에 포노앰프에서 높은 논클립 Non-clip 출력 전압이 요구됩니다.

논클립 출력 전압은 증폭기에서 사인파의 아래, 위 파형이 찌그러지기 직전까지의 출력 전압을 말합니다. 즉, 사인파의 파형이 찌그러지지 않는 범위 내의 최대 출력 전압입니다. 모든 파워앰프에는 최대 출력이 있듯이 전압 증폭기(프리앰프 및 소스 기기)에는 논클립 출력 전압이 있습니다. 반도체 앰프에서는 비교적 낮은 30~50V 이내에서 동작하지만, 진공관 앰프는 상대적으로 매우 높은 250~350V 정도에서 동작하기에 진공관 앰프는 높은 논클립 출력 전압을 얻을 수 있습니다.

이러한 논클립 출력 전압이 높아야 포노앰프의 허용 입력 전압이 높아지기에 포노앰프에는 볼륨이 부착되지 않습니다. 허용 입력 전압이란 포노앰프에서 음악 신호의 아래, 위의 파형이 클리핑 되지 않고 증폭할 수 있는 입력 전압의 크기를 나타냅니다. 앞서 포노앰프의 이득Gain은 통상 200배 정도라 하였습니다. 여기서 잠시 통상의 반도체 포노앰프 논클립 출력 전압인 9.2V일 때의 허용입력을 알아보겠습니다.

허용입력=논클립 출력 전압/이득

위 공식에 대입하면,

9.2(V)/200(배)=0.046(V)

46mV가 나옵니다.

즉, 위 포노앰프의 경우 46mV를 초과하는 음악 신호가 입력되면 음악 신호의 아래, 위가 잘리는 클리핑 현상이 발생합니다.

포노앰프를 설계할 때는 카트리지의 출력 전압을 5mV로 기준하여 설계합니다. 이런 기준으로 보면, 약 10배의 여유가 있으니 충분하다고 볼 수도 있습니다.

그러나 통상의 카트리지는 정도의 차이가 있을 뿐, 모두 고음 대역에서 피크를 갖는 공진 주파수 대역이 있습니다. 이런 부분까지 고려하지 않으면, 클리핑 되며 나타나는 혼변조 왜율THD* 때문에 음이 탁해지게 됩니다.

따라서 음이 탁해지는 것을 방지하려면, 포노앰프의 논클립 출력 전압을 크게 올리거나 포노앰프의 이득을 크게 줄이지 않으면 안 됩니다. 그러나 카트리지에서 출력되는 음악 신호의 레벨은 매우 낮기에 포노앰프의 이득을 줄이는 데는 한계가 있으므로, 포노앰프의 논클립 출력 전압을 높이는 것이 유일한 해결 방법인 것입니다.

2. 진공관 포노앰프는 논클립 출력 전압이 높다

모든 앰프는 효율을 갖고 있습니다. 효율이란 '인가된 전원 전압을 이용하여 어느 정도의 출력 전압을 뽑을 수 있는가'입니다.

반도체 앰프는 약 30% 정도의 효율을 가지고 있습니다. 여기서 잠시 반도체 소자로 구성된 포노앰프의 사례를 살펴 보겠습니다.

----

* Total Harmonic Distortion: 종합 혼변조 왜율.

마란츠 모델 7 프리앰프

흔히 사용되는 OP AMP는 30V*의 전압으로 동작합니다. 효율이 30%이므로 9.2V의 논클립 출력 전압을 얻을 수 있습니다. 디스크리트Discrete로 구성하여 B+ 전원 전압을 더 올려 50V로 하면 15V까지 증가합니다만, 그 이상의 B+ 전원 전압을 사용하는 반도체 포노앰프는 흔하지 않습니다.

반면, 진공관 포노앰프는 효율이 낮지만 통상 250V 이상의 높은 B+ 전원 전압으로 동작하여 논클립 출력 전압이 상대적으로 높습니다. 진공관 포노앰프의 논클립 출력 전압은 회로 구성에 따라 크게 다르지만, 논클립 출력 전압이 비교적 낮은 마란츠 모델 7의 포노앰프 부만 하더라도 앞서 말씀드린 OP AMP 논클립 출력 전압보다 최소 2배 이상 높습니다. 잘 설계된 진공관 포노앰프의 경우 반도체 포노앰프 대비 5~6배 정도 높은

* +− 15V

경우도 흔히 있습니다. 이것이 진공관 포노앰프에서 증폭하는 과정에서 음악 신호 파형의 아래, 위가 잘리는 클리핑 현상이 발생하지 않으며, 부드럽고 유연한 음색이 만들어지는 이론적 이유가 됩니다.

그리고 논클립 출력 전압이 높다는 것은 큰 레벨의 음악 신호를 왜곡 없이 재현할 수 있다는 뜻하므로 다이나믹 레인지가 크다는 특징도 함께 가집니다. 이 두 가지 특징은 반도체 포노앰프에서는 소자 특성 상 구현하기 힘든 내용입니다. 진공관 포노앰프는 이퀄라이저 등화 방식에 따라 NFB형과 CR형으로 나뉘지만, 어떤 방식의 진공관 포노앰프라도 위의 두 가지 특성을 만족시키는 것에는 변함이 없습니다.

3. 진공관 앰프는 증폭하는 과정에서 수많은 고조파를 생성한다

어떤 진공관은 고조파가 전대역에 걸쳐 고르게 생성되기도 하고 또, 어떤 진공관은 짝수차 고조파의 생성이 유난히 많은 진공관도 있습니다. 증폭 과정에서 생성되는 특유의 고조파로 인해 진공관 각각이 특징적인 음색을 들려줍니다.

이렇게 생성된 고조파는 배음으로 작용하여 공간을 가득 채우는 풍성함과 유려한 음질로 작용합니다. 이것은 반도체 앰프에서 기대할 수 없는 현상입니다.

물론 반도체 프리앰프 및 파워앰프가 배음을 없애는 능력이 있는 것은 아니며 분명 배음이 존재합니다. 그러나 진공관으로 구성된 포노앰프를 사용하게 되면 조금 더 유려하고 배음이 풍성한 음색을 들을 수 있게 됩니다.

그러므로 LP의 음을 조금 더 온화하고 나긋나긋하게 즐기려면, 포노앰프만큼은 진공관 방식의 포노앰프를 사용하실 것을 권유합니다.

CR형 포노앰프만의
특별한 가치

NFB형 포노앰프는 부귀환을 이용하여 등화*를 합니다. 마란츠 모델 7과 매킨토시의 C-22 포노앰프가 이 방식으로 널리 알려져 있습니다. 등화를 하려면 대략적으로 1kHz에서는 20dB 이상, 20kHz에서는 40dB 이상의 부귀환을 걸어야 합니다. 그 결과 왜율의 특성으로 보면 왜율의 감소로 인하여 플러스+ 특성이겠지만 과도 특성으로 보면 부귀환이 걸린 만큼 나빠지므로 마이너스- 특성이 되어 음질에 영향을 줍니다.

반면, CR형은 콘덴서와 저항의 감쇠 특성을 이용하여 등화하므로 대략 20dB 이상의 CR 소자에 의한 손실을 보상하기 위하여 등화 소자 앞에 반드시 1차 앰프를 설치하여야 하며 등화 후에도 2차 앰프를 설치하여야 합니다. 이로서 1차 앰프에서의 S/N의 확보와 최대 입력 전압인 다이나믹 레인지가 중요합니다.

* 이퀄라이징Equalizing.

CR형은 취약한 S/N의 확보가 가장 큰 문제여서 수준 높은 설계와 높은 실장 기술을 필요로 합니다. 하지만 시원하게 전개되는 매혹적인 음질은 NFB형에서 느낄 수 없는 매력이 있습니다.[*] 이런 이유로 고급품에서는 CR형 포노 이퀄라이저가, 보급품에서는 NFB형이 주류를 이루고 있습니다. 특히 하이엔드 포노앰프는 거의 CR형을 채용하고 있습니다.

CR형의 변형인 LCR형 포노앰프[**]도 있습니다. 이는 코일과 용량이 큰 콘덴서의 조합으로 RIAA 특성 오차가 비교적 크고 비용이 상승한다는 단점을 가지고 있습니다.

또한, CR형과 NFB형을 혼합한 방식도 있습니다. 초단은 증폭 유닛으로 증폭한 후 CR에 의한 고역 등화를 하고 두 번째 증폭단에서 부귀환에 의한 중역과 저역에 대한 등화를 하는 방식으로서 각각에 대한 장점을 취한 회로 방식입니다. 잘 만들어진 경우 두 가지의 장점을 함께 살리는 특성을 발휘합니다.

NFB형은 부귀환에 의해 여러 가지 성능이 개선되어

---

[*] 제작의 편리함을 강조한 간단한 CR형 회로에서는 음이 거칠고 고역의 부드러움이 부족하다는 평가를 받기도 하지만, 그런 경우는 예외로 한다.

[**] 여기서 추가된 영문자 L은 코일을 의미하며, 이 앰프는 밸런스 전송에 최적화된 방식의 앰프다.

누가 제작하더라도 일정 수준 이상의 성능을 발휘합니다. 반면 CR형은 실장 기술이 중요하기에 같은 회로라도 결과가 크게 다른 것이 특징입니다. 그렇기에 쉽게 넘볼 수 없는 가치가 있다고 봅니다.

왜율과
음질과
앰프

진공관 앰프는 고조파 왜율이 유난히 많다는 것이 중요한 특징 중의 하나입니다. 최근 반도체 앰프의 왜율은 가장 작을 때 기준으로 0.005% 정도, 또는 그 이하입니다. 반면 진공관 앰프에서는 0.1% 정도면 낮은 쪽에 속합니다.

그러나 왜율이라는 수치 면에서는 진공관 앰프가 불리하지만, 그 왜율의 내용을 알게 되면 숫자가 의미하는 것이 크게 의미 없음을 알게 됩니다.

진공관 앰프는 이득이 근본적으로 작기 때문에 구조상 부귀환량이 비교적 적고, 무귀환으로 사용하는 앰프가 많기에 위와 같은 높은 왜율 수치가 나옵니다. 하지만 그 왜율의 대부분은 진공관 특유의 고조파 성분이며 이 고조파가 실제 파형에 배음으로 작용하기 때문에 오히려 음악이 풍성하게 들리게 됩니다. 이런 특징으로 인하여 진공관마다 독특한 음색이 나타나고 그로 인하

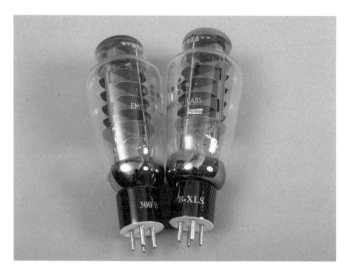

에미션 랩스에서 제작한 300B 계열 현대관인 300B-XLS

여 오디오 취미가 더욱 다양해지기도 합니다.

참고로 고조파 함유율이 넓은 대역까지 고르게 퍼지는 진공관으로는 대표적으로 2A3와 300B가 있습니다. 그러나 예로 든 것일 뿐, 이 진공관들 말고도 좋은 진공관은 많이 있습니다.

이렇듯 왜율계로 측정할 때는 단지 왜율 몇 %로 표시되므로 좋은 수치를 보여주지 못하지만 결국 우리는 음악을 듣는 도구로서 진공관 앰프를 사용하는 것입니다. 지금은 이런 표현을 쓰지 않지만, 예전에는 음향 기기의 '무왜율 출력'의 기준이 '왜율 10%'였습니다. 너무 이상하지 않나요? 앞에서는 무왜율이라 하면서 뒤에서는 왜율 10%라고 하니까요. 이것은 사람의 귀가 왜율을 쉽게 알아차리지 못하기 때문에 만들어진 기준이었습니다.

결국 진공관 앰프를 평가하는 기준으로 볼 때 혼변조 왜율에는 크게 마음 쓰지 않아도 된다는 것입니다.

싱글앰프와
푸시풀앰프
구분하기

같은 진공관으로 만든 앰프라도 싱글앰프와 푸시풀 앰프는 음질이 다릅니다. 어째서 그런 현상이 나타나는 걸까요?

싱글앰프는 한 개의 출력관으로 사인파를 증폭합니다. 반면, 푸시풀앰프는 두 개의 출력관이 +측과 -측을 교차 증폭하여 사인파를 증폭합니다. 즉, 푸시풀앰프는 상측의 출력관이 + 파형을 증폭할 때 하측의 출력관은 - 파형을 증폭함으로써 비로소 온전한 사인파가 되는 방식입니다. 이 과정에서 푸시풀앰프에는 싱글앰프에서 필요하지 않은 위상 분리 회로가 필요해집니다.

싱글앰프는 한 개의 출력관으로 +측과 -측을 증폭해야 하므로 최대 전류의 1/2을 항상 흘려 둡니다. 그래서 최대 전류의 1/2이 되는 지점을 기준으로 +측 파형과 -측 파형을 균등하게 증폭하게 되는 것이죠. 이렇게 최대 전류의 1/2을 상시 흘려두는 방식을 A급 증폭이

KT120 싱글 인티앰프 크리스틴 MK2

라 하는데, 가청 주파수를 증폭하는 방법 중 가장 이상적인 방식이라고 교과서에 기술되어 있을 정도입니다.

따라서 한 개의 출력관으로 증폭하는 싱글앰프는 굳이 A급이라고 표기하지 않아도 모두 A급 앰프입니다. 더 정확한 표현은, '싱글앰프는 오직 A급으로만 동작할 수 있습니다.'

반도체 앰프에는 싱글앰프가 없습니다. 과거 TV에 내장된 소출력 앰프에 일부 사용되기도 했지만, 지금은 전혀 찾아 볼 수 없습니다. 저전압 고전류로 동작하는 반도체 소자의 특성 상 오디오용으로 제작하는 것이 불리하기 때문입니다.

EL84 푸시풀 인티앰프 델리카투스 GE

다음은 싱글앰프의 특징입니다.

· 크로스오버 찌그러짐이 근본적으로 없다.
· 작은 음량이어도 왜율이 적고 표현력이 섬세하다.
· 효율이 낮다.
· 출력 대비 물량 투자를 충분히 해야 결과가 좋다.

반면, 푸시풀앰프는 A급이나 B급으로 골라서 설계할
수 있습니다. 그렇다면 A급과 B급 앰프는 어떻게 분류
할까요? 바로 무신호 시 동작 전류에 의해 분류합니다.

· A급: 최대 전류의 1/2을 항상 흘린다.

· B급: 신호가 입력될 때만 전류가 흐른다.

그런데 푸시풀앰프를 B급으로 구동하면 크로스오버 찌그러짐*이 발생합니다. 그래서 실제의 B급 푸시풀앰프에서는 크로스오버 찌그러짐이 발생하지 않을 정도의 전류를 미리 흘려 놓는데, 이 전류를 아이들링 전류라고 합니다. 아이들링 전류가 전혀 흐르지 않는 B급 푸시풀앰프는 크로스오버 찌그러짐으로 인해 오디오용으로는 사용할 수 없습니다. 그래서 크로스오버 찌그러짐이 발생하지 않을 정도의 아이들링 전류를 흘리는 방식의 앰프를 B급 푸시풀앰프로 통용하고 있습니다.

푸시풀앰프에서는 이 아이들링 전류를 어떻게 설정하는지에 따라 A급 또는 B급으로도 설계, 제작할 수 있습니다.

싱글앰프와 푸시풀앰프의 출력을 동일 조건에서 비교한다면, 푸시풀앰프는 싱글앰프의 4배에 해당하는 출력을 얻을 수 있습니다. 출력관 6L6GC를 예로 들면, 싱글로 동작시킬 경우 5W의 출력을 얻을 수 있으며, 푸시풀로 구동할 경우 5W의 4배인 20W를 얻을 수 있

---

* 진공관의 플레이트 전류가 시작하는 초기 지점에서 나타나는 비직선 왜율을 말한다.

습니다.

이에 비해 싱글앰프는 근본적으로 효율이 낮아 큰 출력의 앰프를 제작하기가 쉽지 않습니다. 그러나 재현되는 음질은 섬세하며 온화합니다.

그런데 흔히 싱글앰프는 저음이 부족하다고 알고 있는 사람이 많습니다. 하지만 푸시풀앰프와 동일 조건에서 비교하면 그렇다는 것입니다. 싱글앰프의 특성을 고려하여 제대로 제작된 싱글앰프는 저음 특성이 부족하지 않습니다.

싱글앰프에서 저음 특성이 악화하는 이유는 출력 트랜스에 직류가 흐르면서 자화磁化*되기 때문입니다. 출력 트랜스의 자화를 막는 유일한 방법은 가능한 한 큰 크기의 코어를 사용하는 것입니다. 그런데 과거에 제작된 빈티지 기기의 싱글앰프들은 대부분 작은 크기의 출력 트랜스를 사용하여 제작되었습니다. 그런 경우 지금까지 말씀드린 이론적 이유에 의해 저음이 잘 나오지 않습니다.

이렇듯 싱글앰프는 어떻게 설계되고, 제작되었는지에 따라 재현되는 저음에서 큰 차이가 발생합니다. 반면, 푸시풀앰프는 출력 트랜스의 중심점으로부터 위쪽

---

* 자석이 아닌 물체가 자석의 성질을 지니는 현상. (편)

과 아래쪽의 진공관으로 전류가 흘러서 출력 트랜스가 쉽게 자화되지 않는다는 특징이 있습니다. 그래서 푸시풀앰프는 큰 출력의 앰프일지라도 싱글앰프에 비해 상대적으로 작은 크기의 출력 트랜스를 사용하고 있습니다.

앰프는 상황과 취향을 고려하여 선택해야 하겠지만, 음질만을 우선하여 검토한다면 싱글앰프가 조금 더 우수하다고 말씀드릴 수 있습니다. 그러나 회로적으로 잘 설계되고, 충분히 여유 있는 용량의 출력 트랜스를 사용하는 것을 전제로 합니다.

A급 앰프는
무조건 음질이 좋다?

최근 A급 앰프에 대한 관심이 높습니다. 그런데 A급 앰프를 두루 비교하여 청음해 본 사람이라면, A급 앰프라 하여 좋은 음질을 보증하지 않는다는 사실을 알게 됩니다. 이럴 때 'A급 방식은 음질이 좋다고 하는데, 어떻게 된 것인가' 하는 당혹감이 드는 것은 당연합니다.

사실 디지털 앰프를 제외한 모든 앰프는 종단출력단을 제외한 부분은 모두 A급으로 동작합니다. 그러므로 A급인지 B급인지에 대한 구분은 단지, 출력단의 동작 방식에 따른 분류일 뿐입니다. 그리고 앰프의 음질은 모든 증폭 과정에서 발생하는 결과들이 모여 최종 스피커로 재현되는 것이기에, 하나의 증폭 단계에서 미치는 영향은 전체적인 내용과 비교하면 절대적이지 않습니다.

그러나 출력단이 A급으로 동작할 경우 음질이 좋아지는 것은 분명합니다. 단지, A급 앰프이기에 반드시 음질이 좋다고 보증할 수는 없다는 것입니다. 왜냐하면 A급 동작으로 인해 음질이 좋아지는 부분이 출력단에 한정되는 것이기에 그렇습니다. 그럼에도 불구하고 A급 앰프의 광고 글을 보면, A급 앰프이기에 음질이 좋다고 단정적으로 쓰다 보니 A급 앰프는 좋은 음질을 보증하는 것처럼 되었습니다.

잘 만들어진 A급 앰프는 통상의 B급 푸시풀앰프에 비하면 상대적으로 좋은 음질인 것은 맞습니다. 그러나 앞서 말씀드린 A급 앰프를 분류하는 기준을 이해한다면, A급 앰프에 대한 기대치를 어느 정도로 설정해야 할지 알 수 있을 것입니다. 즉, A급 앰프라 하여 반드시 음질이 좋으리라고 단정 지을 수는 없다는 것, 하지만 전체적으로 잘 만든 기기면서 A급으로 동작한다면 음질이 좋을 가능성이 더욱 높다는 것입니다. 예를 들어 잘 설계되고 합리적인 배선으로 잘 만들어진 똑같은 두 개의 푸시풀앰프 중 하나는 일반 푸시풀앰프로 동작하고 나머지 하나는 A급 푸시풀앰프로 동작한다면, 그중 A급 앰프의 음질이 단연코 더 좋습니다.

A급 앰프는 상시 최대 전류의 1/2의 전류를 흘려야 하기 때문에 전력 소비가 많고 상당한 열이 발생합니다. 그리고 충분한 물량 투자를 병행해야 하므로 비용이 상승합니다. 이런 특징들과 함께 'A급 앰프는 음질

이 좋을 가능성이 더 높은 방식이다' 정도로 이해한다면, 향후 A급 앰프를 평가할 때 도움이 될 것입니다.

크로스오버 찌그러짐이란 무엇인가?

푸시풀앰프에서만 나타나는 크로스오버 찌그러짐은 증폭 소자의 초기 직선성이 떨어져서 나타나는 비직선 왜율입니다. 하지만 최대 전류의 1/2를 무신호일 때 흘리는 A급 앰프에서는 근본적으로 발생하지 않는 왜율이기도 합니다. 또한 이러한 왜율 현상은 반도체 소자의 경우도 마찬가지입니다.

이러한 크로스오버 찌그러짐을 없애는 방법은 증폭 소자에 전류를 흘려 비직선 부분을 없애면 되는데 이것이 무신호 때 흘리는 아이들링 전류입니다. 통상의 푸시풀앰프에서 무신호일 때 30~60mA 정도 흘려주는 전류가 바로 크로스오버 찌그러짐을 없애기 위한 아이들링 전류입니다.

그런데 앰프로 최대의 출력을 뽑으려 할 경우에는 전원전압을 높이지 않을 수 없습니다. 이때 진공관의 플레이트 손실은 정해져 있으므로 아이들링 전류를 가능하면 줄일 수밖에 없는 경우가 있는데, 이럴 때는 비직선 영역으로 들어가지 않도록 세심한 조정과 관리가 필요합니다.

아이들링 전류를 계속 늘리면, 진공관의 플레이트 손실 이내에서 A급 동작에 가깝게 됩니다. 이렇게 할 경우 비록 완전한 A급 앰프는 되지 못하더라도 음질의 향상에 기여한다는 것이 정평입니다.*

푸시풀앰프 중에는 무신호일 때 동작 전류를 최대 전류의 1/2을 흘리는 A급 푸시풀앰프가 있는데 음질적으로도 좋은 평가를 받고 있습니다. 이런 A급의 앰프는 상시 큰 전류를 흘려야 하므로 최대 출력이 작아지는 단점이 있습니다. 그러나 음질적으로는 매우 섬세한 표현력을 가졌다는 것이 일반적인 평가입니다.

---

* 그러나 B급 앰프로 제작된 앰프에서는 잠시 동안의 실험 정도만 해야 한다.

삭제하느냐
마느냐
전원의 초크 코일

　진공관 파워앰프를 눈 여겨 보면 전원에 초크 코일[*]을 사용한 경우와 그렇지 않은 경우를 보게 됩니다. 그렇다면 전원의 초크 코일은 어떠한 작용을 하는 걸까요?

　전원에 초크 코일을 사용하게 되면 전원 리플[**] 제거 능력이 매우 탁월해집니다. 이는 코일이 교류에 갖는 저항 리액턴스 $XL = 2\pi fL$로 표현됩니다.

　예를 들어 5H의 초크 코일을 사용하고 정류는 양파[***]로 하게 되면 주파수는 120Hz가 됩니다. 이를 위 공식에 의해 풀이하면 다음과 같습니다.

....

[*] 초크 트랜스라고도 한다.

[**] Ripple: 교류의 잔류분.

[***] 권선 하나가 다이오드를 하나로 정류하는 것을 단파라고 하며 양파는 권선 둘이 직렬 구조로 다이오드를 정류하는 것이다.

$$XL=6.28×120(Hz)×5(H)$$

$$=3,768(Ω)$$

즉, 교류에 대해서 3,768Ω의 저항으로 작용하지만 직류에 대해서는 해당 DCR만큼의 전압 강하밖에 생기지 않습니다. 이 정도 초크 코일의 DCR은 대략 30~50Ω 정도입니다. 그러므로 초크 코일의 리플 제거 능력은 매우 우수한 것이며 진공관 파워앰프의 유연한 음질에 크게 기여하는 부품입니다.

사용하기에 적합한 초크 코일의 용량에 대한 하나의 기준을 제시해 본다면 푸시풀앰프일 경우 2~5H 정도, 싱글앰프일 경우 5~10H 정도면 되고 충분한 전류 용량이 요구됩니다. 전류 용량이 큰 초크 코일은 DCR이 작아지고, DCR이 작을수록 전원 변동률이 낮아져 좋은 것입니다.

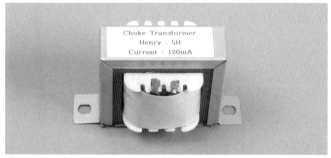

소전류용 5H짜리 초크 코일

그런데 요즘 들어 이 초크 코일을 삭제하고 수 100Ω의 저항으로 대체해 놓은 파워앰프를 자주 보게 됩니다. 제작자 입장에서는 이렇게 하면 원가 절감이 되겠지만 진정한 장인이라면 초크 코일은 삭제해서는 안 되는 부품입니다. 부득이 생략할 수밖에 없는 경우에는 평활용 콘덴서를 더욱 증가시켜야 합니다.

단순히 생각해 봐도 답은 간단합니다. 전자 이론을 모르는 사람이라 하여도 같은 조건에서 앞서 계산을 통해 나온 3,768Ω과 100Ω의 차이는 37.68배의 차이이므로 어느 정도 격차가 나는지 쉽게 가늠할 수 있으리라 봅니다. 그리고 초크 코일을 사용했을 때는 전원 전압의 변동률이 낮아지고 전원 임피던스가 낮아져 유연한 음질을 만드는 데 작용하므로 초크 코일을 삭제한 파워앰프와는 소리의 격이 다릅니다.

정류관 정류와 다이오드 정류의 차이

진공관 앰프를 보게 되면 정류관 정류 방식을 채용한 앰프와 다이오드 정류 방식을 채용한 앰프로 구분할 수 있습니다.

냉정하게 보면 정류관은 효율이 좋지 못하여 큰 전류를 흘리는 용도로는 적합하지 않습니다. 해당 정류관의 규정치 이상의 전류를 흘리려 하면 정류전압이 급격히 저하되기 때문입니다. 따라서 큰 전류를 필요로 하는 푸시풀앰프에 정류관 정류 방식을 사용하게 되면 다이내믹레인지 측면에서 불리합니다.

그러나 정류관 정류 방식은 효율이 좋지 못한 반면 캐소드*가 달궈져야 동작하므로 이 시간만큼 전원 전압이 지연 공급되어 진공관의 수명과 안정에 기여하게 됩니다. 그래서 고가의 진공관을 사용한 앰프에서는 정류관을 사용하는 것이 좋습니다. 그리고 싱글앰프에서는

* 또는 히터.

KBU1010 실리콘 브리지 정류기

정류관의 정류효율이 크게 문제되지 않으므로 즐겨 사용됩니다. 또한 정류관 뒷단에서 순간적으로 전원이 단락되어도 규정치 이상의 전류가 흐르지 않으므로 정류관 스스로 보호된다는 장점이 있습니다.

다이오드는 근본적으로 내부 저항이 작습니다. 따라서 정류관과는 달리 큰 전류를 흘리는데 유리합니다. 정류 이후의 전원이 순간적이라도 단락된다면 다이오드는 즉시 소손燒損됩니다. 이런 현상은 흐르는 전류의 제한이 없다는 의미로 앰프에서 필요한 전류를 손실 없이 공급할 수 있습니다. 따라서 큰 전류가 필요한 파워 앰프에 다이오드를 사용하면 다이내믹레인지의 확보가 용이합니다.

다만 다이오드에는 동작 지연 효과는 없으므로 설계할 때 충분한 배려가 필요합니다. 여러 사항을 검토하여 설계된 다이오드 정류 회로는 사용 진공관의 수명을 단축하지 않습니다. 그리고 필요하다면 지연 릴레이를 사용하는 방법도 있습니다.

종종 일부에서 다이오드 정류의 음질이 나쁘다는 주장을 보게 되는데 사실 전혀 그렇지 않습니다. 빈티지 기기를 예로 든다면 실리콘 다이오드 정류를 한 기기로는 마란츠 모델 7 프리앰프라든가 마란츠 콘솔릿, 마란츠 8B 파워앰프 등등이 있는데 이 앰프들이 음질이 나쁘다는 평가는 받지 않습니다. 그 외 여러 메이커에서도 실리콘 정류 다이오드가 생산되기 시작하자 앞다투어 사용하였습니다. 그만큼 기기의 안정성에 크게 기여한 부품입니다.[*]

전원의 교류는 플러스와 마이너스가 교차하며 흐르고 있으며 정류란 결국 교차 부분을 없애 한 쪽 파형만을 남기는 것을 말합니다. 이때 한쪽 파형을 단순히 없애는 방식을 반파 정류라 하고 없어질 파형의 극성을 바꾸어 한쪽으로 몰리게 하는 방식을 전파[**] 정류라 합니다. 전파 정류 방식은 반파 정류 방식보다 효율이 좋으며 전류 공급 능력이 뛰어납니다. 그런데 단지 정류만 하여서는 매끄러운 직류가 되지 않으므로 평활회로

---

[*] 정류관은 에미션 감퇴가 되면 전류량이 줄어들어 전원전압이 저하되므로 교체하여야 한다.

[**] 양파.

를 두어 파형의 굴곡을 없애 매끄러운 직류를 만들게 됩니다.

실리콘 다이오드의 정류 과정에서는 플러스와 마이너스 파형이 교차될 때 피코* 단위의 시간 동안 순간적으로 파형이 출력되지 않는 현상이 발생하게 됩니다. 이런 현상을 축적효과라 합니다. 이 축적효과는 정류관에서는 근본적으로 나타나지 않습니다. 축적효과는 높은 주파수대의 펄스파를 다루는 분야에서는 매우 중요한 문제지만 120Hz**를 취급하는 오디오 전원 회로에서는 영향이 있다고 말하기 어렵습니다.

반도체 기술이 발전하면서 축적효과를 개선한 급속 회복 정류 다이오드가 출현하였는데 이것을 정류 회로에 사용하면 음질이 우수해진다고 주장하는 사람도 있지만, 내용을 자세히 모르기에 하는 말씀입니다. 그러나 그렇다고 급속 회복 다이오드를 쓴다고 해서 음질이 나빠질 이유도 없으며 가격 차이도 근소하므로 요즘은 일반적으로 사용되고 있습니다. 무엇보다도 급속 회복 다이오드는 축적효과의 개선으로 소자의 발열이 줄어든다는 장점이 있습니다.

정리하자면 다이오드 정류이기에 저급이라든가, 진

* 1조 분의 1.

** 양파 정류 후.

공관 정류이기에 고급이라는 논리는 근거 없는 속설이며 다이오드와 정류관의 선택은 설계 이념에 따른 선택일 뿐입니다. 일본의 진공관 앰프 관련 책자를 보게 되면 요즘 발표되는 진공관 앰프는 거의 다이오드 정류 회로를 채용하고 있다는 점에서도 알 수 있습니다.

밸런스 앰프의
진실

　요즘 들어 밸런스 앰프가 많아졌습니다. 밸런스 앰프는 광고에 의해 고급 앰프로서의 이미지가 더해져 궁극의 앰프로 인식되고 있는 것으로 보입니다. 그런데 밸런스 앰프를 궁극의 앰프로 평가하는 게 과연 맞는 일일까요? 밸런스 앰프의 기술적 내용을 알아보면 판단할 수 있을 것입니다.

　먼저 밸런스 전송에 관한 내용입니다.

　기기와 기기 사이가 멀어지게 되면 자연히 케이블이 길어지게 되고 잡음의 유입이 그만큼 많아집니다. 다만 일반적인 가정의 경우 케이블이 길어진다 하여도 3m 전후이므로 케이블을 통하여 잡음이 유입될 경우는 거의 없다고 봅니다. 그래서 흔히 업무용으로 사용할 때 전송 라인을 타고 유입되는 잡음을 제거하기 위해 고안된 것이 밸런스 전송 기술입니다.

　예를 들어 잡음 발생원이 많은 곳에서 케이블이 길

어지면 잡음이 상당히 유입되겠지만 밸런스 전송으로 할 때는 거의 제로에 가깝습니다. 밸런스 전송 기술은 +10과 -10이 있을 때 이것을 더하면 답은 제로가 되는 원리로 잡음을 제거하게 됩니다.

그래서 밸런스 앰프는 출력 트랜스에 중간 탭을 만들어 접지를 시키고 전송을 하게 되면 중간에 잡음이 유입되더라도 나중에 같은 방법으로 받게 되면 신호에 중첩된 잡음이 앞서 말씀드린 대로 +와 -가 상쇄되어 없어지듯 잡음만을 제거하게 되는 것입니다.

이 원리의 효과는 대단히 우수하여 트랜스가 잘 만들어졌다면* 아무리 많은 잡음도 거의 완벽하게 제거됩니다. 요즘은 트랜스 대신 반도체 소자로 구성하는 경우가 더 많아졌습니다. 그러나 이렇듯 우수한 잡음 제거 효과가 전송 케이블 내에 유입되는 잡음에만 효과가 있다는 것이 아쉬움입니다. 정작 앰프 자체의 잡음에는 작용하지 못하는 현실이 있기 때문입니다.

밸런스 앰프는 출력 소자를 브리지 형태로 접속하여 DC적으로 밸런스를 잡아놓은 상태에서 동작합니다. 이런 구조로 브리지 앰프라 하기도 하고, 밸런스 앰프라 하기도 합니다. 흔히 BTL이라 하는데 BTL

....

* 즉 권선 횟수가 정확하다면.

은 Bridge Transformer Less 또는 Balance Transformer Less의 약자입니다.

밸런스 앰프의 장점은 같은 조건에서 출력이 4배 증가하는 특징 덕분에 큰 출력을 낮은 B+ 전압으로 실현할 수 있다는 것에 있습니다. 대표적인 적용 사례가 자동차 배터리 12V의 B+ 전원으로 25W를 실현하는 BTL 앰프인데, 일반 OTL회로의 4배의 출력을 얻습니다.

이러한 높은 출력은 2개의 앰프가 상하 대칭 동작하여 파형을 출력하기 때문입니다. 2개의 앰프가 상호 동작하면 그 결과 이득이 두 배 증가하게 됩니다. 따라서 푸시풀앰프는 싱글앰프의 네 배에 달하는 출력을 얻을 수 있으며 푸시풀앰프를 다시 밸런스로 동작시키면 푸시풀앰프의 네 배 높은 출력을 얻을 수 있습니다.

그러나 이렇게 할 경우 출력은 크게 증가하지만 왜율도 크게 증가한다는 단점을 가지고 있습니다. 특히 10kHz 이상에서의 왜율은 수직으로 급격히 상승합니다. 이 부분이 밸런스 앰프의 가장 큰 취약점입니다. 이런 내용이 잘 알려지지 않은 채 밸런스 앰프라고 하면 무조건 고급 앰프로 포장되는 현실이 기술인 입장에서 참 아쉽습니다.

BTL 회로 방식은 B+ 전원 전압을 올릴 수 없는 한정된 상황에서 큰 출력을 얻기 위해 고안된 회로입니다. 따라서 잡음 유입의 염려가 없고 큰 출력의 앰프가 필요하지 않을 때의 밸런스 방식의 앰프는 음질이 향상되는 방향으로 작용하지 않게 되는 것입니다.

CDP를
파워앰프에 직결하면
음질이 향상될까?

CD가 보급되면서 CDP의 출력 전압이 2V로 높다는 것에 착안해 프리앰프 없이 파워앰프에 직접 연결함으로써 음의 순도를 높일 수 있다는 생각은, 한때 프리앰프 무용론으로까지 발전하였습니다. 그 무렵 일부 메이커에서도 앰프에 다이렉트라는 기능을 실장하기 시작하였는데 이것은 CD에서 출력되는 신호전압을 바로 파워앰프에 연결하는 스위치였습니다.

하지만 이 방법은 오래가지 않았습니다. 음질의 향상으로 이어지지 않았기 때문입니다. 실제로 사용해 본 사람들의 경험이 쌓이면서 이제는 직결하여 사용하는 사람은 많지 않습니다.

대체적인 이유는 CDP 내부에서 아날로그 신호를 출력하는 OP AMP에 기인한다고 볼 수 있습니다. 물론 최근에 나오는 OP AMP는 상상을 초월하는 전기적 스펙을 가지고 있으며 오직 OP AMP로만 구성된 초고

가의 하이엔드 프리앰프가 존재하고 있습니다. 그러나 OP AMP는 애초에 오디오용으로 개발된 것이 아니기에 마이크로 암페어 단위의 소전류 동작에서 한계가 있습니다. 이것은 좋은 소리가 되기 어렵다는 의미입니다. 그래서 다이렉트로 들을 경우 저역이 부실해지는 결과가 나옵니다.

오래 전 일이지만 당시 발표됐던 해외 유명 하이엔드 앰프의 회로를 취미삼아 해독하던 시기가 있었습니다. 그때 하이엔드 앰프의 공통적 설계 개념은 '저低임피던스 고高전류 동작'으로, 이것이 하이엔드 앰프 설계의 큰 흐름이었습니다. 당시 국내 업체의 회로도도 해독하며 비교할 수 있었는데, 그때 국내 업체의 회로는 비교적 작은 전류로 동작하도록 회로를 구성하고 있었습니다. 이것은 같은 시기 하이엔드 앰프 설계의 흐름과는 반대라는 점에서 비교가 되었습니다.

평탄한 주파수 특성의
앰프에 관한
논의

최근의 하이파이 지향 앰프와 빈티지 앰프는 무엇이 다른가?

빈티지 기기의 인기는 어디에서 비롯되는가?

이 문제들을 이해하기 위해서는 '좋은 앰프란 무엇인가?'에 대한 기준이 정립되어야 합니다.

흔히 평탄한 주파수 특성, 저왜율, 큰출력 등을 좋은 앰프의 조건으로 생각합니다. 그러나 이런 류의 스펙들은 제작자 입장에서는 그리 어렵지 않게 만들 수 있는 내용입니다.

위에 제시된 스펙들은 수치로 보여주기 쉽기 때문에 앰프의 능력을 파악하는 기준으로 제시되기도 합니다. 하지만 이런 수치로만 비교하자면 빈티지 기기는 일방적 열세임에도, 실제 소리를 들어보면 편안하고 낭낭한 빈티지의 음질은 하이엔드 앰프의 음색을 무색하게 만듭니다.

그렇다면 어떻게 이런 일이 생기며 무슨 이유로 빈티지 기기는 편안한 소리를 내는지에 대한 연구가 필요할 수밖에 없습니다.

반도체 앰프가 출현하고 광대역의 앰프가 만들어지기 시작하면서 평탄한 특성의 앰프가 고급이라는 주장이 나왔습니다. 그리고 주파수 특성을 보정하는 톤 콘트롤 기능마저도 생략해야 고급 앰프로 대접을 받았습니다. 대다수의 소비자는 메이커의 논리에 따라 그런 류의 앰프를 구입할 수밖에 없었고 획일화된 음색을 강요당했습니다. 그러나 시간이 흐르면서 사람들은 어째서인지 그런 하이엔드 앰프와는 다른 음색의 빈티지 기기에 매력을 느끼게 되었습니다.

과거 수많은 시행착오와 연구 속에 발전을 거듭한 오디오 기술은 그 시절의 열악한 부품 기술을 발전시키면서 함께 성장했습니다. 당연하겠지만 과거 부품의 질은 지금 것과 비교하는 것조차 의미 없을 정도입니다. 열이 나면 특유의 잡음이 증가하며 경년변화가 심한 솔리드 저항, 주파수 특성이 현저히 떨어지는 페이퍼 오일 콘덴서, 대역이 협소한 출력 트랜스 및 인터스테이지 트랜스 등등…. 그러나 부품들의 이런 열악한 성능에도 불구하고 빈티지 기기가 편안한 음색이 되는 이유가 있습니다.

첫째, 부품의 한계에서 만들어지는 협대역*의 소리가 높은 주파수 대역을 자연스럽게 제한하여 불쾌한 느낌이 들지 않으며 트랜스의 성능에 의하여 3~5kHz에서 2~5dB 정도 상승합니다. 이것은 마치 톤 콘트롤 기능을 이용하여 고역을 부스트Boost한 것과 같은 효과를 내며 상쾌한 느낌이 들게 합니다.

둘째, 빈티지 기기는 대부분 작은 크기의 출력 트랜스를 사용하기 때문에 낮은 주파수까지 증폭하지 못합니다.** 그리고 작은 크기 때문에 대략 100Hz 부근에서 공진을 이루어 상승한 후 하강하게 됩니다. 이런 특성은 마치 톤 콘트롤의 베이스를 강조한 것과 같은 효과를 가지고 옵니다. 그리고 적당히 제한된 저역의 소리는 오래 들어도 피곤하지 않습니다.

그리고 빈티지 기기의 대부분이 부귀환 이론이 정립되기 전에 만들어진 것이므로 자연스럽게 무귀환 앰프

---

* 좁은 대역폭.

** 트랜스를 사용하는 회로에서 낮은 주파수까지 증폭하려면 코일 성분이 충분히 커야 하며, 그렇게 될 경우 자연히 외형이 커진다.

의 특성이 나타나고 있다는 것도 하나의 이유가 될 것입니다.

이렇듯 앰프 음색의 특징이 어디에 연유하는지를 알게 되면 자연스럽게 하이엔드를 보는 시각과 빈티지를 보는 시각이 새로워지리라고 생각합니다.

바이앰핑의
허와 실

1980년대 초 어느 스피커 업체에서 스피커 단자를 스피커 유닛별로 마련하고 바이앰핑이 가능한 스피커라고 광고를 시작하였습니다. 그 이후 유행처럼 많은 스피커 업체에서 같은 방식의 스피커 단자를 채용하기 시작하였습니다. 그즈음 저는 멀티앰핑에 빠져 있었는데 바이앰핑이라는 문구를 보니 호기심이 생겨 음질이 좋아진다고 주장하는 내용을 검토하게 되었습니다.

바이앰핑의 내용은 각 스피커에 파워앰프 1대씩을 별도로 연결하여 구동함으로써 음질이 향상된다는 것이었습니다. 마치 멀티앰핑의 장점을 그대로 가지고 있는 듯했습니다. 그리고 앰프를 별도로 사용하는 이러한 구성 덕분에 우퍼에서 발생된 역기전력이 트위터로 갈 수 없으므로 음이 투명해진다는 내용은 설득력이 있어 보였습니다.

지금도 바이앰핑에 대하여 궁금해 하고 또 시도하려

는 사람도 있으리라 생각됩니다. 하지만 결론부터 말씀드리자면 바이앰핑 접속으로 얻어지는 음질 향상은 미미한 수준이기에 시도를 하더라도 큰 기대는 하지 않았으면 합니다.

물론, 궁극적인 측면에서는 1%의 향상을 위하여 많은 투자를 할 수도 있습니다. 하지만 충분히 검토하시길 바랍니다. 그 이유에 대하여 말씀드리겠습니다.

우선 멀티앰핑에 대하여 말씀드리겠습니다. 채널 디바이더에 의해 저역과 고역을 분리한 후 각각의 파워앰프에 공급하여 스피커를 구동하는 방식을 멀티 채널 앰프 구동 방식이라 부릅니다. 이를 줄여서 멀티앰핑이라고 합니다. 멀티앰핑에는 많은 장점이 있지만 특히 저역에서의 음질 향상이 돋보입니다. 무엇보다도 앰프의 출력이 바로 스피커 유닛으로 공급되기 때문입니다.

디바이딩 네트워크에서 우퍼에 직결되는 고역 커트용* 코일은 음질을 높이기 위하여 공심 코일을 사용하고 있습니다. 이 코일의 DCR은 스피커 유닛 자체의 DCR보다 높은 경우도 흔합니다. 이 DCR은 파워앰프에서 만들어진 출력의 대부분을 소비하며 앰프의 댐핑을 현저히 감소시킵니다.

---

* 저역 패스.

스피커 안에서 각 스피커 유닛이 담당하는 주파수대로 신호를 분리하는 디바이딩 네트워크

댐핑의 저하는 앰프가 스피커를 제어하는 능력이 떨어지는 것을 뜻합니다. 그래서 댐핑이 낮아질 경우 저역이 벙벙거리며 풀어지는 듯한 음색이 되는 것입니다.

멀티앰핑 방식은 앞서 말씀드린 대로 코일과 콘덴서를 사용하는 디바이딩 네트워크에서 발생되는 모든 문제를 일시에 제거하여 본질적으로 음질의 개선을 가지고 옵니다. 그러나 이와 유사한 바이앰핑은 스피커 시스템 외부에 단자만 나뉘어져 있을 뿐 내장된 디바이딩 네트워크는 그대로 연결이 되어 있는 상태입니다. 결국 여러 대의 파워앰프를 사용해도 우퍼와 직렬로 연결된 코일을 경유하여 우퍼를 구동해야 한다는 점은 변하지 않음에 주목하여 주십시오.

물론 바이앰핑의 장점도 있습니다. 스피커 시스템 하나에 여러 대의 파워앰프를 사용함으로써 대출력이 필요한 경우 유용하다고 할 수 있습니다. 그러나 이것을 달리 말하자면 스피커를 그대로 둔 채 고출력의 파워앰프로 바꾸어 음질을 개선한 정도의 장점으로 보이는 것입니다. 그래도 바이앰핑을 꼭 시도해 보고 싶으신 분은 고음부와 저음부에 연결되는 앰프의 이득이 같아야 음 밸런스가 무너지지 않으므로 같은 종류의 앰프를 사용하시는 것이 좋습니다.

조금 더 적극적으로 바이앰핑을 즐기고 싶다면, 각 앰프에 입력을 조절할 수 있는 볼륨이 장착된 파워앰프를 접속하고 레벨을 조절하면 자기 취향에 맞는 음 밸런스를 찾을 수 있습니다. 이렇게 하면 본래의 소리와는 달라지겠지만 취향이라는 부분을 만족시킬 수 있는 새로운 시도일 수 있습니다. 저역에서의 음질 개선은 기대할 수 없지만 고음부와 저음부의 레벨을 각각 조절할 수 있다는 장점을 취할 수 있는 방법입니다.

다만, 이 방법은 음 밸런스를 잡을 수 있다는 충분한 자신감이 있을 때 시도하셔야 합니다. 음 밸런스가 무너지면 처음보다 더 못한 음으로 나올 수도 있기 때문입니다.

하이엔드 앰프의
음질이란

지금 이 책을 읽는 분 중에 하이엔드의 의미를 모르시는 분은 안 계시겠지요. 그런데 제 주위에 계신 분이나 또는 상담을 받는 분으로부터 듣는 하이엔드의 의미는 저의 생각과는 사뭇 달랐습니다.

저는 하이엔드 제품이란 최고의 기술로 만들어지고 최고의 가치를 가지고 있는 제품이라고 생각하며 보편적이지 않아야 된다고 생각합니다. 그런데 언젠가부터 하이엔드적인 음색이라는 말을 자주 듣기 시작하였는데, 그 부분이 저는 마음에 걸렸습니다. 왜냐하면 하이엔드 앰프는 최고의 기술로 만들어지지만 한마디로 정의할 수 있는 음을 가질 수는 없다고 생각했기 때문입니다.

하이엔드를 추구하는 앰프의 궁극적인 목표는 좋은 음이 나오는 앰프여야 합니다. 다만, 그 좋은 음에 대한 기준이 업체마다 다르고 추구하는 음질 또한 다를 수 있기 때문에 하이엔드 앰프에는 각 회사의 음질적 특징이 잘 나타나고 있어야 할 것입니다. 애호가는 다양한 음질 속에서 자기의 취향에 맞는 음을 찾아 선택하는 것이고요.

그러나 하이엔드를 표방하는 대부분의 앰프 회사들은 좋은 음에 대한 기준을 '높은 해상도'에 두고 있는 것처럼 보입니다. 많은 분들이 말씀하시는 것처럼 요즘 하이엔드 앰프들은 마치 '고출력', '고해상도'만을 목표로 하고 있는 듯, 하이엔드 앰프라고 하면 떠오르는 어떤 이미지가 생겼습니다.

그런데 사실 이러한 스펙들을 실현하는 기술들을 그리 수준 높은 기술이라 할 수는 없습니다. '고출력', '고해상도' 같은 항목들은 오디오 기술적인 면에서는 흔히 '정적인 특성'이라고 합니다.

세계에는 유수의 하이엔드 오디오 회사들이 존재하지만, 그 회사들 중에서 독보적인 음색을 구축한 회사는 그리 많아 보이지 않습니다. 하이엔드 앰프란 케이스를 멋있게 만든 앰프라는 조롱을 듣는 회사도 존재합니다. 이런 회사들이 국내로 들어와서 명성을 떨칠 수 있었던 것은 국내 오디오 기술인들이 기술 개발에 노력하지 않은 결과이기도 하고, 비싸면 좋을 것이라는 막연한 생각의 결과이기도 하겠죠.

만약, 하이엔드 음이라는 고정된 이미지가 어떤 애호가의 마음에 형성되어 있다면 그 애호가 입장에서는 그만큼 선택의 폭이 줄어들었다는 의미가 아닐까요.

또한 누구나 알고 있는 정도의 기술이라면 이미 고급 기술이라 하기 어려울 것입니다. 그리고 그 음이 보편적인 정도의 수준이라면, 어찌 하이엔드라 할 수 있겠는지요?

하이브리드 앰프의
가능성

하이브리드 앰프는 상이한 특성의 소자를 사용하여 제작된 앰프를 총칭하는 이름입니다.

사실 현존하는 증폭용 소자들 중 완벽한 특성을 가지고 있는 소자는 없습니다. 어느 소자든 장점과 단점을 동시에 가지고 있죠. 그중 진공관은 전압 증폭용 소자로서 좋은 특성을 가지고 있지만 반도체 소자보다 부족한 부분도 있습니다. 반면, 반도체 소자는 우수한 전류 특성을 가지고 있지만 왜율이 많다는 단점이 있습니다.

이러한 각 소자의 좋은 특성을 조합하여 성능을 개선시키기 위하여 고안된 앰프가 하이브리드 앰프입니다.

하이브리드 앰프는 각각의 소자를 어떻게 조합하느냐에 따라 다양한 회로를 구성할 수 있습니다. 그러나 경우에 따라서는 각 소자의 단점만 표출되는 앰프가 될 수도 있습니다.

하이브리드 앰프 소자의 구성 방식은 크게 세 가지로

나뉩니다.

첫째, 초단을 반도체 소자로 구성하고 드라이브단과 출력단을 진공관으로 구성한 경우입니다. 이 방식의 장점은 반도체의 양방향성 소자를 사용하여 초단 증폭 회로를 구성할 수 있다는 것입니다. 양방향성 소자로는 주로 소신호용 FET를 사용하고 있으며 간혹 OP AMP를 사용하여 전압 증폭한 후 바로 출력관에 의해 출력되는 구성도 있습니다. 이런 구성의 방식은 OP AMP에 의해 성능이 제한되므로 특성의 향상보다는 간단하게 제작되는 것이 장점이라고 봅니다.

둘째, 초단을 진공관으로 구성하고 드라이브단과 출력단을 반도체로 구성하는 경우입니다.

셋째, 초단과 드라이브단을 진공관으로 구성하고 출력단을 반도체 소자로 구성한 경우입니다. 전압 증폭을 작은 왜율로 실현하는 3극관으로 초단을 구성하고 전류 특성이 우수한 반도체로 드라이브단과 출력단을 구성하면 각 소자의 특징을 가장 효율적으로 구성한 경우라 할 수 있습니다.

세 번째와 같이 회로를 조금 더 발전시켜 드라이브단까지 진공관으로 구성하면 더욱 좋습니다.

이때 출력소자로는 MOS-FET와 TR이 사용되는데 그중에서도 TR은 전류 특성이 좋습니다. 하지만 TR은 온도에 의해 아이들링 전류가 변화하는 것을 막기 위한 열 보상회로가 필요하다는 단점이 있습니다. 반면, MOS-FET는 온도계수가 마이너스-이므로 열 보상회로가 필요치 않습니다. 그러나 전류 특성이 TR보다 떨어진다는 단점이 있습니다. 그래도 FET를 다단多段 병렬로 연결하여 부족한 전류 특성을 보완하는 방법이 있으므로 많은 전류를 상시 흘려야 하는 A급 앰프에서 사용됩니다.

잘 만들어진 하이브리드 앰프는 각 소자가 갖는 장점을 충분히 발휘할 것입니다. 진공관 소자에 의해 배음이 풍성하고 유려하며 온도감 있는 음질로 증폭이 될 것이며 반도체 소자의 낮은 출력 임피던스로 인하여 댐핑 팩터가 높아져 저역이 풀어지거나 뭉개지는 현상은 사라질 것입니다. 그러나 하이브리드 방식이 좋은 음질적 특성을 실현할 수 있는 하나의 방법이지만 실재하는 하이브리드 앰프가 무조건 좋은 음질을 만드는 것은 아닌 듯합니다. 그 이유는 회로의 다양성에 있지 않을까 생각합니다.

그리고 위에서 말씀드린 3.의 구성이 이론적으로 가장 이상적인 구성이지만, 다른 소자들로 구성되었다는 사실에서 오는 이질감은 음질과는 별도로 사용자가 극복해야 할 과제로 보입니다.

멀티앰핑에의
도전

멀티앰핑용 프리앰프 베리타스를 제작하고 또, 서울 국제 오디오쇼에서 멀티앰핑 시스템을 청음하셨던 분들로부터 멀티앰핑에 대한 문의가 많았습니다.

멀티앰핑은 오디오 경험이 많은 사람들에게는 그리 새로울 것도 없는 방법이지만 실제로 운용하는 사람은 사실 많지 않습니다. 그렇다면 전혀 새로울 것도 없는 방법이, 그것도 음질이 비약적으로 좋아진다고 하는 방법이, 무엇 때문에 일반화되지 못하고 있었던 것일까요? 그것은 다소 번거로울 수 있는 구성 때문이라고 생각합니다.

멀티앰핑의 목적은 멀티 웨이 스피커 시스템 내부에 있는 디바이딩 네트워크 회로의 소자인 코일과 콘덴서를 제거하여 음질의 순도를 높이는 데 있습니다.

음악 신호의 고음 대역을 제한하여 저음 대역만을 저음용 스피커인 우퍼에 공급하기 위한 부품인 코일은 앰

2웨이 채널 디바이더와 프리가 결합된 베리타스 SE

프와 스피커 사이에서는 저항 성분으로 작용합니다. 그
결과 앰프 출력의 손실과 더불어 댐핑 팩터를 감소시켜
스피커의 제동력이 저하되며 저역에서의 음이 풀어지
고 명료성이 떨어지게 됩니다. 이것을 근본적으로 방지
하기 위해서 앰프의 출력을 스피커 유닛에 직접 공급하
는 멀티앰핑 방식을 채택하게 됩니다.

일반적인 멀티 웨이 스피커 시스템 제작회사에서도
이런 내용을 충분히 알고 있습니다. 그래서 이를 극복
하기 위하여 우퍼의 유효 면적을 줄이지 않으면서도 앰
프 쪽에서 바라본 스피커 제동 능력을 높이기 위하여
작은 구경의 우퍼를 2~4개 사용하는 스피커 시스템을

3웨이 채널 디바이더 베리타스 플러스의 노브 부분

발표하기도 합니다. 그러나 이 방법은 여전히 우퍼와 앰프 사이에 코일 성분이 존재하기 때문에 어느 정도의 개선이 있을 뿐 근본적인 해결책은 되지 못한다는 한계가 있습니다. 이런 이유로 수억 원을 호가하는 스피커 시스템이라 하더라도 저역의 해상도에는 항상 아쉬움이 따를 수밖에 없는 것입니다.

멀티앰핑의 우수성은 이미 오래전에 알려져 있었으나 판매용 제품으로는 출시되지 못하고 실력 있는 애호가들을 중심으로 꾸준히 애용되고 있습니다. 다만, 코일과 콘덴서가 하던 일을 대신해 줄 멀티 채널 디바이더가 필요하므로 누구나 쉽게 시작할 수는 없습니다. 또한, 오디오 시스템에 걸맞는 고음질의 채널 디바이더를 찾기는 더욱 쉽지 않죠. PA용으로 제작된 채널 디바이더가 있습니다만 음질적인 측면에서 오디오 애호가의 마음을 사로잡지는 못하였습니다.

결국, 멀티앰핑이 일반화되지 못한 것은 구성의 번거로움, 반드시 필요한 채널 디바이더의 부재 등등의 복합적인 이유로 일반화 되지 못했다고 생각합니다. 그리고 막연히 어렵고 힘들다고 생각하여 엄두를 내지 못하는 것도 중요한 이유 중 하나라고 생각합니다.

멀티앰핑은 2웨이 또는 3웨이 등 얼마든지 유닛 수를 늘려가며 구성할 수 있지만 여기서는 2웨이로 구성하는 방법에 대하여 말씀드리겠습니다. 이 경우에도 일반적인 1~2kHz 범위 내에서 크로스오버 주파수를 설정하는 방법과 풀레인지 스피커를 중·고음용 스피커로 사용하며 부족한 저역을 큰 구경의 우퍼로 보완하는 방법을 생각해 볼 수 있는데, 후자의 방법으로 하는 것이 멀티앰핑의 장점이 돋보입니다. 이 방법은 같은 2웨이지만 소리에는 많은 차이가 납니다. 전체적인 소리 경향은 풀레인지가 지배하며, 풍성한 저음을 기반으로 하는 자연스런 소리가 일품입니다.

그리고 이런 용도로 사용할 풀레인지 스피커는 가급적 구경이 작은 것이 유리한데, 그것은 풀레인지 스피커는 구경이 커질수록 분할진동이 나타나는 대역이 낮아지는 특성이 있기에 그렇습니다. 이런 점을 감안하여 중·고음 특성이 우수한 4~5인치 정도의 풀레인지 스피커의 사용을 추천합니다. 또한 이 방법은 고음역 스피

멀티앰핑을 위한 스피커 단자 설정

커를 풀레인지 스피커에 한정하지 않고 북셸프 스피커를 활용할 수 있다는 장점이 있습니다. 이때 북셸프 스피커의 모델과 종류는 전혀 관계가 없는데, 그것은 멀티 채널 디바이더에서 각각의 레벨을 조정하기 때문입니다.

이렇게 구성된 스피커 시스템은 저역에서의 양감과 명료성이 증가하며, 이것이야말로 멀티앰핑의 분명한 장점입니다. 욕심을 더욱 부린다면 3웨이, 또는 4웨이로도 구성할 수 있습니다. 그러나 대역을 나누어 주는 크로스오버 주파수가 계속 늘어난다는 것과 파워앰프의 수도 함께 증가한다는 단점을 가지고 있습니다.

웨이 수가 늘어나고 스피커 유닛이 많으면 고급이라고 생각하는 사람이 있지만 오디오 역사에 남아 있는 스피커 명기는 대부분 2웨이라는 것을 눈여겨 볼 필요가 있습니다. 코일과 콘덴서, 또는 저항과 콘덴서를 이용한 필터 회로는 반드시 위상의 변화를 가져오며 감쇠의 정도가 급할수록 위상의 변화는 더욱 심하게 나타납니다. 그러니 풀레인지에서 느껴지는 음의 명료성과 자연스러움을 기억하시고 멀티앰핑의 상한선은 3웨이라고 생각해 주시길 기대합니다. 그리고 일반 가정에서 파워앰프 3대, 또는 4대를 운용하는 것이 쉬운 일은 아니라고 봅니다.

마지막으로 멀티앰핑 운용에서 말씀드리고 싶은 것은 저역의 레벨을 과하지 않게 조정해야 한다는 점입니다. 중·고역에 비하여 조금 낮게 조정하여 운용하면서 차츰 레벨을 올려 중·고역과의 밸런스를 맞추어 주십시오. 그러면 어느새 이상적인 밸런스를 갖는 스피커 시스템을 소유한 기쁨을 느끼게 될 것입니다.

인티앰프를 파워앰프로 활용하기

인티앰프로 오디오를 운용하다가 분리형인 프리·파워앰프로 업그레이드하려는 경우, 지금까지 잘 사용하던 인티앰프가 갑자기 쓸모없는 애물단지로 전락합니다. 인티앰프와 파워앰프를 전환하여 사용할 수 있는 인티앰프도 있지만, 그렇지 않을 경우 반드시 인티앰프를 처분하고 새로운 파워앰프를 장만해야 할까요?

인티앰프를 지금까지 출력이나 음질이 마음에 들어 잘 사용하던 상황이라면, 굳이 처분할 필요는 없습니다. 이럴 때를 대비하여 인티앰프를 파워앰프로 사용하는 방법에 대하여 안내하겠습니다.

앞서 말씀드린 것처럼 흔히 음량 조절용으로 사용하는 가변 저항, 즉 볼륨은 A형을 사용합니다. 이것은 귀의 청감 능력이 음량이 작을 때는 예민하게 반응하지만, 음량이 커질수록 둔감해지기에 회전각에 비례하여 부드럽게 음량이 가변되도록 하기 위함입니다.

A형 가변 저항기의 회전각 특성은 물리적 1/2 지점일 때 전체 저항값의 1/10이 됩니다. 이것이 A형 가변 저항기의 커브 특성입니다. 따라서 인티앰프 볼륨의 위치를 12시 방향에 놓으면 총 이득의 1/10이 됩니다.

인티앰프의 총 이득은 설계한 사람에 따라 다소 차이는 있으나 대략 200~300배 정도가 됩니다. 앞에서 볼륨의 위치를 물리적인 1/2인 12시 방향에 놓을 경우 총 이득의 1/10이 된다고 하였으니, 파워앰프로 쓰게 된다면 대략 20~30배의 이득을 갖는 파워앰프로 동작하게 됩니다.

이렇게 볼륨을 조정하여 인티앰프를 파워앰프로 사용하여도 음질의 손실은 전혀 없습니다. 기술인의 지식과 양심을 걸고 말씀드리는 것이오니, 마음 편히 사용하시면 됩니다.

여담이지만 가끔 청음실에 오시어 3웨이 멀티앰핑 청음을 요청하시는 분이 계십니다. 이럴 때 인티앰프를 사용하던 중이라면, 저도 인티앰프의 볼륨을 12시 방향에 놓은 후 파워앰프처럼 사용하여 3웨이 멀티앰핑을 구현합니다. 무거운 파워앰프를 이리저리 옮기기 힘들어 그런 것이지만, 만약 음질의 손실이 조금이라도 생긴다면 힘이 조금 들어도 저는 파워앰프를 옮기는 방법을 택했을 것입니다.

안심하셔도 됩니다.

인티앰프의 볼륨을 12시 방향에 놓은 후, 인티앰프 셀렉터의 위치를 LINE 위치에 놓고 프리앰프 출력에서 오는 인터케이블을 인티앰프 입력단의 LINE에 꽂은 후 사용하면 됩니다.

다만 B형 커브의 볼륨이나 어테네이터attenuator 를 사용한 인티앰프인 경우에는 지금까지 말씀드린 내용이 적용되지 않습니다. 인티앰프로 사용 못한다는 뜻은 아니고 물리적 1/2일 때 전체 저항값의 1/10이 되지 않는다는 뜻입니다. 이럴 때는 실험해 보면서 적당한 위치에 놓고 사용하면 됩니다.

영사기용 앰프를
하이파이 앰프로
사용한다는 의미

빈티지 기기로 인정할 만한 오래된 독일제 앰프나 웨스턴 일렉트릭 앰프는 거의 영사기용 앰프거나 음성을 크게 증폭시킬 때 사용되는 음성확성기로 제작되고 사용되던 앰프입니다. 과연 이런 앰프들을 가정에서 하이파이 개념의 용도로 사용할 수 있는 걸까요?

하이엔드 앰프거나 가정용을 염두에 둔 앰프는 인위적인 주파수 가공은 하지 않습니다. 비록 민생용 빈티지 기기들이 협대역이지만 자연스럽게 만들어진 것이지 특별한 어떤 목적에 의해 주파수 특성이 변형되어진 것은 아니라는 의미지요.

그런데 영사기용 앰프나 음성을 크게 증폭하는 확성기용 앰프는 음성을 정확하게 전달하는 것이 목적이므로 음의 명료성을 증가시키기 위하여 중역대를 강조한 주파수 특성으로 제작합니다. '어느 주파수대를 강조할 것인가'는 앰프 제조사마다 다소의 차이는 있지만 대부

87-C AMPLIFIER (TOP), TA-7351 POWER UNIT AND 1086 AMPLIFIER
WITH COVERS OFF, ON A-101-C RACK
Left - Front View.   Right - Rear View.

Electrical Research Products Inc.
OPERATING DEPT. — EQUIPMENT DIV.
PRINTED IN U.S.A.

PHOTOS #9823-1
9824-1
September 10, 1936

1936년에 나온 웨스턴 일렉트릭 미러포닉 사운드 시스템의 86-87 타입 앰프 부분

분 3kHz~5kHz 범위에서 강조된 특성으로 제작되었습니다. 영사기용 앰프는 이런 주파수 특성을 가지고 있으므로 일반적인 파워앰프처럼 사용하게 되면 상당히 왜곡된 주파수 특성이 되는데, 실제 들어보면 현악 쪽에서 독특한 음색이 나오기도 합니다. 이것은 마치 톤 콘트롤을 실장한 프리앰프에서 트레블을 크게 강조한 것과 같은 음색인데 처음 듣는 분에게는 취향에 맞을 경우 매우 강렬한 인상을 남기게 됩니다. 그래서 주로 현악을 좋아하는 사람이 영사기용 앰프를 처음 접하게 되면 정말 취향에 딱 맞는 앰프를 만나게 되었다고 좋아할 수도 있습니다.

그런데 분명한 것은 이런 주파수 특성이 정상적인 앰프의 특성은 아니라는 데 있습니다. 이렇게 왜곡된 특성으로 음악을 듣고 귀에 익숙해지게 되면 오히려 정상적인 앰프의 소리는 자극적이지 않기에 만족하지 못하게 됩니다.

영사기용 앰프에 귀가 익숙해져 있을 때는 영사기용 파워앰프의 특성을 이해하고 정상적인 파워앰프에 익숙해질 수 있는 시간이 필요합니다. 저의 경험으로는 보름 정도만 제대로 된 파워앰프를 사용하고 영사기용 앰프를 다시 들어보니 중역대가 크게 강조된 소리를 듣고 있었다는 사실에 놀랐던 적이 있습니다.

‘이 소리가 좋은데 굳이 그렇게 바꿀 필요가 무엇인 가!'라고 생각하면 그대로 사용해도 무방합니다만, 다양한 앰프를 사용해 볼 기회를 잃는다는 것도 염두에 둘 필요는 있다고 생각합니다.

영사기용 앰프는 특성 상 매우 높은 이득을 가지고 있습니다. 대략 1,000배 이상의 이득을 가지고 있는데 이런 상태에서는 가정에서 사용하기 곤란하므로 흔히 초단의 증폭관 1개를 제거하여 적당한 이득으로 줄여서 사용하고 있습니다. 91B형 앰프가 이와 같은 방법으로 310A 진공관 한 개를 제거하여 제작한 경우입니다. 웨스턴 일렉트릭의 영사기용 파워앰프 91B에서 초단 증폭관 한 개를 제거하여 만들었기에 91B형이라 부르는 것이죠.

그런데 먼저 말씀드렸던 중역대의 주파수 특성을 강조하는 회로가 초단과 두 번째 증폭단 사이에 존재한다면, 초단 증폭관을 제거할 때 자연스럽게 제거되어 일반적인 주파수 특성을 갖게 될 것입니다. 그러나 그 회로가 두 번째와 세 번째 증폭단 사이에 존재할 경우 앞서 말씀드린 중역대가 강조된 특성의 앰프가 됩니다.

우리나라에서는 특히 독일제 앰프나 웨스턴 일렉트릭의 제품은 인기가 매우 좋습니다. 과거 대부분의 독일제 앰프도 그렇지만 미국의 웨스턴 일렉트릭에서도 민생용 앰프를 제작하지 않았기에 영사기용 앰프로 발표된 것을 개조하여 가정용으로 사용하고 있습니다. 영사기용 앰프와 가정용 앰프의 차이를 충분히 알고 그 용도에 맞춰 개조하여 사용해야 하지만, 이런 내용들을 제대로 적용하여 가정용으로 개조된 앰프를 보기는 참 어렵습니다.

들어서 스스로 좋고 만족한다면 크게 문제될 것도 없는 내용이지만, 내용을 알지 못하고 나도 모르게 익숙해져 있는 것이라면 적당한 기회에 바로 잡을 필요는 있다고 생각합니다. 영사기용 앰프의 음질에 익숙해져 있는 분들은 정상적인 앰프의 음색은 심심해서 듣지 못하는 경향이 있습니다. 이제 그렇게 되는 이론적 이유를 아셨다면 보다 다양한 앰프의 음색을 즐기기 위해서라도 과감하게 보름 정도를 투자해 보실 것을 권유합니다.

91B형 앰프는
과연
명기인가

91B는 웨스턴 일렉트릭에서 영사기용 앰프로 개발되어 사용되던 300B 싱글 파워앰프입니다. 회로적으로 보더라도 당시로선 상당히 앞선 기술이었습니다.

영사기용 파워앰프는 가능한 한 높은 이득이 유리하여 통상 1,000배 이상의 이득을 갖습니다. 이것을 가정용으로 사용하기 위하여 5극관 두 개로 전압 증폭하던 회로를 5극관 1개를 생략하여 이득을 줄이게 되었는데 이것이 '91B형'이라는 이름으로 불리게 되었습니다.* 지금도 여전히 상업적으로 제작되고 있으며 91B형 앰프를 복각했다는 내용을 특히 강조하여 광고를 하기도 합니다.

그러나 원래의 회로에서 5극관 1개를 제거한 후 원형 91B의 명성에 힘입어 91B형이라 이름 붙인 이 앰

* 이와 같은 구조로 일본에서 먼저 제작하였고 그 후 우리나라로 전해졌다는 견해가 있다.

프가 명기라면… 진공관 앰프는 모두 명기라 해야 할 것입니다.

회로를 설계해 본 사람들은 충분히 이해하겠지만, 5극관 1개만으로는 300B를 충분히 드라이브하기가 쉽지 않습니다. 초단에서의 이득을 높게 잡으려면 부하 저항을 크게 늘려야 하나 300B의 그리드 저항과 병렬로 작용하여 뜻대로 되지 않기 때문입니다.

그러나 91B가 이렇게 다소 부족한 드라이브에서도 제대로 동작할 수 있었던 것은 300B 구관의 감도가 높기 때문이었습니다. 구관이 상당한 가격에 거래되고 있는 요즘에는 누구나 이런 혜택을 볼 수는 없겠죠.

그러면 대부분 감도가 구관 같지 않은 복각관을 사용한다고 보았을 때, 91B형의 형식으로 제작된 앰프는 어느 정도의 능력을 발휘하고 있을까요?

당연히 300B가 충분히 드라이브되지 않는 상태에서 동작할 수밖에 없습니다.

그러다가 복각한 신관을 뽑고 구관을 꽂아보면 음질이 확연히 달라집니다. 같은 위치의 볼륨에서도 음량이 더욱 커지고 300B가 제대로 드라이브되면서 가지고 있는 능력을 최대한 쏟아내게 됩니다.

이런 이유로 '구관이 확실히 음질이 좋다'는 풍문이 성립되었고 공연히 구관만 엄청난 가격에 거래되고 있습다.

원 구관과 다른 성능을 가진 복각관을 사용할 때에는 그에 맞는 설계를 새로 해야 합니다. 구관과 복각한 신관을 비교하자면 확실히 구관이 우수하지만 신관의 특성을 충분히 이해하고 설계를 한다면 신관이라도 그 차이를 구별할 수 없을 정도가 됩니다.* 그러나 대부분 신관을 사용한다는 전제 하에 5극관으로 1단 증폭하는 앰프는 드라이브 부족으로 좋은 앰프가 될 수 없습니다. 굳이 91B형에만 국한할 것이 아니라, 5극관 1개로 전압 증폭과 드라이브를 겸하는 구성의 300B 싱글앰프는 이와 같은 회로적 취약점을 그대로 가지고 있습니다.

전압 증폭과 드라이브단의 높은 출력 임피던스에 의해 고역 주파수 특성이 좋지 않고 드라이브 부족으로 300B의 능력을 출분히 발휘할 수 없는 반면, 회로가

---

* 진공관에 의해 L/R차가 발생하는 현상을 이해한다면 진공관 감도에 대한 내용도 자연스럽게 이해할 수 있으리라고 본다. 진공관을 구입할 때 보면 페어로 팔기도 하고 쿼드로 묶어 팔기도 한다. 그것은 같은 조건에서 제작한다 해도 진공관마다 감도가 조금씩 다를 수 있기에 일정한 감도를 갖는 것끼리 묶는 것이다. 그래야 L/R차도 없고 전류의 밸런스도 잘 맞아 안정되게 동작한다. 이렇듯 요즘 생산되는 복각관도 그중에 감도가 좋은 것이 있고 나쁜 것이 있으니, 기술 축적이 충분했던 전성기에는 더욱 감도가 좋은 진공관을 만들 수 있었던 것은 당연한 일이다.

간단하여 자작 초보자도 쉽게 제작할 수 있다는 것, 이것이 91B형이라고 불리우는 앰프의 회로적 내역입니다.

진공관 앰프의 관리

흔히 진공관 앰프는 관리가 필요하다고 하지만, 걱정할 정도는 아니라고 생각합니다. 아무래도 진공관 자체가 소모품 개념이라 수명이 다하면 교체해야 하지만 그리 자주 교환하는 것은 아니기에 특별히 마음 쓰지 않아도 되기 때문입니다.

다만 고정 바이어스를 사용한 앰프들은 3~6개월에 한 번쯤은 바이어스 전압을 확인해 두는 것이 좋겠습니다. 그런데 이런 점이 상당히 번거롭고, 처음 진공관 앰프를 사용하는 사람에게는 많이 불편할 수도 있습니다. 그러나 몇 번 해 보면 그렇게 어려운 정도는 아니라는 것을 아시게 됩니다.

진공관은 수명이 다하면 이상 증상이 나타나기 시작합니다. 그렇다고 미리 교환해 놓을 필요는 없으니, 결국 증상이 나타나면 그때 적절한 조치가 필요합니다.

예를 들어 사용 중 어느 한쪽에서 전에 들리지 않던

잡음이 들리는 경우가 있습니다. 이럴 때는 초단부터 좌우를 바꿔가며 증상을 확인해 보는 것이 좋습니다. 전원을 OFF한 상태에서 진공관을 바꾸고, 다시 전원을 켜고 증상을 확인하고, 이렇게 반복하다 보면 어느 순간에 반대편으로 증상이 옮겨 가게 됩니다. 그때 문제가 되는 해당 진공관을 확인하여 교체하면 됩니다.

이런 확인 과정을 거칠 때는 전원을 OFF하고 어느 정도 기다린 후* 진공관을 뽑으십시오, 진공관이 뜨거울 때 뽑으면 간혹 진공관이 망가지기도 합니다. 특히, 전기를 통전通電한 상태에서 진공관 앰프를 옮기면 안 됩니다. 이때는 작은 충격으로도 진공관이 망가질 수 있습니다.

진공관 앰프를 사용할 때, 가장 흔한 증상은 한쪽에서 전에 없던 잡음이 들리는 경우입니다. 그러나 전원을 켜고 30분 정도 지난 후 이 증상이 없어진다면 굳이 교환하지 않고 더 사용하여도 무방하다고 생각합니다. 전원 통전 초기에 비록 잡음은 들리지만 곧 소멸해 없어지기에 그렇습니다. 물론 마음에 걸리면 즉시 교환하셔도 역시 좋습니다.

그리고 진공관 앰프는 통풍이 잘 되어야 합니다. 앰

* 열이 식을 정도의 시간.

프에 먼지가 앉는 것 때문에 유리 장식장 안에 진공관 앰프를 두기도 하는데, 이럴 경우 출력관의 수명이 짧아집니다. 랙에 넣을 때도 통풍을 고려하여 높이가 있는 칸에 파워앰프를 넣는 것이 좋겠습니다.

글을 적고 보니 장황한 글이 되었습니다만, 결론은 '진공관 앰프는 사용상 특별한 관리는 필요하지 않다' 입니다. 지금까지 설명한 몇 가지 사항들을 참조하여 운용한다면 고장 없이 오래도록 사용할 수 있으리라 생각합니다.

04

소리

비싼 부품은
소리가 좋을까?

저는 열다섯 살이 되던 해에 처음으로 전원 트랜스레스 50C5 싱글앰프를 만든 후, 여러 유형의 앰프를 제작하며 청소년기를 보냈습니다. 그런데 그때는 경쟁이 심하지 않아서인지는 모르겠으나 특정 부품을 미화하여 특별한 능력이 있는 것처럼 말하는 경우는 드물었다고 생각합니다.

사실 메이커에서 가격적인 사정으로 채택하기 어려운 부품들을 고급 부품으로 교체해 보는 것은 오디오의 재미이며 튜닝이라는 측면에서 해 볼 만하다고 생각합니다. 그러나 재미 이상의 의미를 찾으려 하시면 안 됩니다. 오디오는 부품 몇 개 바꾼다고 소리가 급격하게 좋아지지 않기 때문입니다.

비싼 콘덴서로 어렵사리 교체하고서 듣는 음악적 감동과 스피커를 왁스로 정성들여 닦은 후 듣는 음악적 감동은 무엇이 다른가요? 평범한 옷도 옆에서 부추기면 예뻐 보이기 마련입니다. 수십만 원짜리 커플링 콘덴서로 바꾸고 마음에 안 차도 기대했던 소리라고 위안하던 일은 없으신가요?

앰프 소리의 질은 콘덴서 몇 개로 정해지는 것이 아니라 다양한 측면에서의 기술 축적의 결과입니다. 커플링 콘덴서를 예로 들었지만 트랜스류에 대한 환상도 콘덴서 못지않습니다. 사물에 대한 환상은 내용을 모를 때 나타나며 그 내용을 알게 되면 자연스럽게 사라집니다.

최고의 기술과 최고의 부품으로 만들어지는 것이 하이엔드 제품입니다. 그러나 단지 비싼 부품으로 만들었다 하여 소리가 좋다면 하이엔드 앰프를 만드는 과정이 어찌 어렵다 하겠습니까? 실력 있는 기술인은 평범한 부품으로도 하이엔드 제품에 버금가는 음질의 앰프를 만들 수 있는 것입니다. 이것이 오디오 세계입니다.

즉, 사용되는 부품의 값은 소리에 비례하지 않습니다. 앰프의 소리는 '정확한 설계'와 '좋은 부품'과 '합리적인 실장 기술'이 어우러져 나오는 결과이기 때문입니다. 대부분의 부품은 이미 상당한 수준에 이르렀습니다. 따라서 적절한 가격대에서 잘 설계된 제품을 고르는 지혜가 필요합니다.

저의 말씀에 "그래도 비싼 것이 뭐가 달라도 다르지

않을까?" 하며 의구심을 가질 수 있습니다. 좋은 부품은 경년 변화가 적어 초기의 특성으로 오랫동안 쓸 수 있습니다. 이것이 좋은 부품을 사용하였을 때 얻는 장점입니다.

그러나 부품에 대한 환상에서 빨리 벗어나는 것이 수업료를 크게 줄이며, 또한 고생 적게 하며 오디오를 즐길 수 있는 지름길이라고 생각합니다.

물론 위의 모든 내용은 어느 수준 이상의 부품을 사용한다는 것을 전제로 말씀드리는 것입니다. 즉, 비싼 부품이나 값싼 부품이나 무조건 성능은 같다는 뜻은 아니오니 이 점을 참고하여 주십시오.

3D 스피커 시스템에
대하여

멀티앰핑으로 오디오 시스템을 구성하여 스피커를 울리는 것을 목표로 계획하는 사람도 많으리라 생각됩니다. 실제로 잘 구성된 멀티앰핑 시스템으로 음악을 들으면 일반적인 스피커로 듣는 것과는 격단格段의 차이가 있음을 알게 됩니다. 그러나 앞서 말했듯 쉽사리 도전하기에는 그리 만만치 않습니다.

그런데 멀티앰핑으로 가기 전, 또는 독립적인 운영 방식으로 3D-2.1채널 방식을 들 수 있습니다. 이 방식은 질 좋은 소형의 북셸프 스피커, 또는 풀레인지 스피커로 100Hz 이상을 담당하게 하고 별도의 서브우퍼로 100Hz 이하를 담당하게 하는 방법으로 전체적인 음색은 북셸프 스피커가 지배합니다. 이때 북셸프 스피커는 음압의 영향을 받지 않으므로 선택의 폭이 넓으며 음색 위주로 고를 수 있습니다.

다만 주파수를 100Hz에서 끊어 주는 채널 디바이더

가 필요한데 간이형에서는 아무래도 만족할 만한 결과가 나오지 않으며 경험상 -12dB cut의 채널 디바이더가 결과가 좋습니다.

서브우퍼는 어디에 놓아도 좋지만 조정의 핵심은 서브우퍼의 존재감을 알 수 없도록 해야 합니다. 레벨 조정이 어렵다고 하시는 분은 대개 서브우퍼의 레벨을 높게 하신 분들입니다. 소형 스피커와 서브우퍼의 레벨을 맞추실 때 가능한 한 소형 스피커보다 약간 낮게 조정하시는 것이 요령이고 차후에 조금씩 조정하여 같은 레벨이 되게 조정합니다.

서브우퍼 단자의 +와 -는 반대로 연결해야 합니다. 즉 소형 스피커와는 위상이 반대로 되게 하는 것입니다. 이것은 채널 디바이더에서 주파수를 나눌 때 위상이 변화하는 것을 보정해 주기 위한 것입니다.

커플링 콘덴서 튜닝의
한계

오디오를 취미로 하면서 커플링 콘덴서에 관심을 가지는 것은 자연스러운 일입니다. 커플링 콘덴서는 50여 년이 넘는 하이파이 오디오의 역사 속에서 하나의 튜닝 포인트로 자리 잡고 있으니 오디오를 취미로 하면서 지나칠 수는 없는 노릇입니다. 그런데 커플링 콘덴서에 대한 이야기와 특정 콘덴서를 사용했을 때 얻어지는 음질적 장점 등에 대한 문의를 받을 때는 상당히 난감합니다.

여러분은 하이엔드 제품을 제작하는 해외의 유명 메이커에서 '우리는 ×× 콘덴서를 커플링으로 사용하기에 음질이 좋다'라는 말을 광고, 또는 다른 경로로도 들으신 적은 없을 것입니다. 이것은 당연히 좋은 품질의 콘덴서를 채택하여 실장하지만, 그것이 음질의 튜닝용은 아니라는 의미입니다. 만약 하이엔드를 추구하는 메이커에서 커플링 콘덴서로 튜닝을 한다면 세간의 웃음

거리로 전락할 것입니다. 그 정도의 기술적 테크닉이라면 아마추어도 할 수 있는 정도니까요. 물론 아마추어로서 커플링 콘덴서를 바꾸어 가며 즐길 수 있다는 것은 오디오를 즐기는 큰 재미이자 과정입니다.

앰프를 완성하였는데 처음 기대했던 음질로 되지 않았다면 튜닝을 해야 합니다. 그런데 같은 회로라도 전류의 변화로 나타나는 소리의 변화는 커플링 콘덴서가 교체되어 나타나는 정도의 변화와는 비교가 되지 않습니다. 또한 회로의 형식이 바뀌면 더욱 극적인 변화가 나타납니다. 따라서 회로에 대하여 충분히 알고 있다면 회로를 수정하여 원하는 음으로 튜닝하는 것이 효과적이며 좋은 결과가 나온다고 생각합니다. 다만, 그 정도로 회로에 능통하다면 이미 프로이며 아마추어의 한계는 넘어섰다고 할 수 있겠죠.

그런데 완성된 회로의 전류가 변화하면 부하 저항도 바뀌어야 합니다. 적절한 범위 내에서는 아닌 경우도 있지만 많은 부분이 바뀌어야 하는 경우도 있습니다. 이것은 전류가 바뀌면 결국 설계를 다시 해야 한다는 말로 요약됩니다. 그러니 무작정 회로의 전류를 바꾸게 되면 음색의 변화를 얻기 이전에 오히려 음질과 안전성을 해칠 수 있다는 점을 유의해야 합니다.

단단한
저음
이야기

오디오의 궁극적 목적은 공연장을 그대로 옮겨 놓아야 한다는 기준을 가진 사람들이 있습니다. 그러나 오디오 기기를 통해 듣는 음악은 실제 연주와는 사뭇 다르지만, 오히려 자기만의 음을 추구한다는 측면에서의 개인적인 재미도 중요하다고 생각합니다.

그렇다면 오디오에서의 좋은 저음이란 어떤 음일까요?

저 나름대로의 생각을 말씀드리자면, 저음은 '충분히 내려가야 하며 끝이 풀어져서는 안 된다'는 것으로 요약됩니다. 즉, '깊이 내려가면서 단단하며 끝이 살아 있는 저음', 이것이야말로 대부분의 오디오 마니아들이 원하는 저음이 아닐까요?

단단한 저역을 기반으로 그려지는 고역의 선율은 음악을 더욱 아름답게 들리게 합니다. 그런데 이와 같은 저음을 진공관 앰프로 실현하는 것은 사실 쉽지 않습니다. 특히 50~60년 전의 빈티지 기기와 그 회로를 복각한 앰프에서는 기대하기 어려운 저음입니다.

통상의 진공관 앰프의 댐핑 팩터는 5~15 정도입니다. 부귀환을 많이 건 앰프에서는 20 정도로 올라갑니다. 이 수치는 앰프에서 스피커를 제어하는 능력을 수치로 나타낸 것인데 높을수록 제동 능력이 높아짐을 뜻합니다.

앰프의 부귀환을 늘리면 스피커의 제동 능력이 어느 정도 증가하지만 또 다른 문제가 기다리고 있습니다. 부귀환을 늘리면 진공관 앰프의 음이 마치 TR앰프처럼 된다는 것입니다. 따라서 마냥 부귀환만 늘릴 수도 없는 것입니다.

어느 분께서 이런 질문을 하였습니다. 탄노이 GRF 메모리 스피커를 중고로 구입하여 한동안 잘 듣고 있었으나 저역이 풀어진다는 느낌을 지울 수 없었다고 합니다. 그래서 숍에 문의한 결과 앰프의 출력이 작아 그렇다 하여 매킨토시 MC275 파워앰프를 추천하였고 그 기종으로 업그레이드했습니다. 그러나 여전히 저음은 향상되지 않는데 어떻게 하느냐는 것입니다.

한마디로 말씀드리면 일반적인 푸시풀 회로의 앰프에서 이 문제를 근본적으로 해결하기는 쉽지 않습니다. 지금까지와는 다른 시각에서의 접근이 필요한 이유입

탄노이 GRF 메모리 스피커

니다.

　일각에서는 탄노이 스피커들이 저역이 풀어진다고 폄하하지만, 탄노이는 구경이 큰 스피커를 사용하고 있기에 제동이 쉽지 않아 저역이 풀어지는 음이 되기 쉬울 뿐입니다. 어떤 스피커 업체에서는 구경이 큰 스피커로 인한 저역 문제를 해결하기 위하여 구경이 작은 저역 스피커를 여러 대 설치하여 저역의 댐핑 특성을 개선하고 있습니다. 이것은 앰프의 한계를 스피커 쪽에서 극복해 보려는 노력이라 볼 수 있겠죠.

　그래서 위와 같은 내용의 질문을 받게 되면 대개의 경우 높은 출력의 앰프를 추천합니다. 비교적 고출력인

MC275가 탄노이 스피커에 추천받는 이유가 되는 것이지요. 비슷한 예로 JBL 4344 스피커에도 고출력의 앰프가 매칭이 좋다는 낭설이 상식처럼 따라 다닙니다.

그러나 앰프의 출력이 작아 스피커를 제대로 제어하지 못한다고 생각하지만, 스피커의 제동 능력은 앰프 출력의 크기에 영향을 받지 않습니다. 앞서 말씀드린 것처럼 스피커의 제동 능력은 앰프의 댐핑 팩터에 가장 큰 영향을 받습니다.

스피커 제동 능력에 가장 큰 영향을 주는 것은 댐핑 팩터지만, 진공관 앰프에서 부귀환으로 댐핑 팩터를 늘리면 진공관 앰프 자체의 특색을 잃어버리게 되는 딜레마. 이 현상을 극복하기 위하여 각 오디오 업체에서는 새로운 회로를 개발하며 연구에 매진하는 것이겠죠. 저음에 대한 이야기로 말씀드렸지만, 결국 회로 기술의 발전이란 좋은 음을 향한 열정의 결과라고 생각합니다.

인터케이블
해석하기

현재 유통되는 인터케이블의 종류는 참으로 다양합니다. 최고를 넘어서 극한의 기술로 제작되었다는 초고가의 케이블이 수입되는 등 사용자의 입장에서는 어떤 케이블이 좋은 것인지, 아니면 비싼 것이 아무래도 좋은 것인지… 쉽게 결정할 수 없는 상황이 되었습니다.

사실 우리나라에서도 신뢰할 수 있는 인터케이블이 제작되는 것을 보아왔으며 직접 사용해 보지는 않았지만 수천만 원이 넘는 인터케이블을 본 적도 있습니다. 요즘 저에게 케이블에 대한 문의를 하는 분들이 상당히 계셔서 상업성이 배제된 교과서적인 말씀을 올리면서 그동안의 질문에 답하려 합니다.

미리 말씀드렸지만 우리나라에서도 케이블을 제작하는 업체가 여러 곳 있다는 것을 알고 있기에 매우 조심스럽습니다. 그러나 분명한 것은 그 업체들의 주장과 제작하는 케이블을 폄하하기 위하여 이 글을 쓰는 것이 아닙니다. 인터케이블에 대한 기초적 수준의 이론적인 접근으로 케이블에 대해 궁금해 하는 사람을 위하여 저의 지식을 공유하고 싶은 마음으로 이 글을 씁니다. 이 이론도 제가 연구한 것이 아니며 단지 제가 먼저 배운 부분을 나중에 배우시는 분을 위하여 정리해 놓은 글에 지나지 않는다고 생각합니다.

수동 소자는 전력을 소비, 축적, 방출하는 소자로 그 자체만으로는 증폭이나 발진을 할 수 없는 저항, 콘덴서, 코일, 각종 케이블류를 포함하는 선재 등이 해당됩니다.* 능동 소자는 전기 에너지를 발생시킬 수 있는 소자로 진공관과 트랜지스터가 대표적입니다.

케이블은 회로 내에서 신호를 다음 단으로 손실 없이 보내주는 역할을 합니다. 즉, 신호의 전송이 주요 임무입니다. 결국 이상적인 케이블이란 입력 신호원**을 손실 없이 다음 단으로 넘겨 줄 수 있는 케이블이란 뜻이 됩니다.

그런데 케이블에는 직류가 흐를까요? 교류가 흐를까요?

인터케이블이 연결되기 직전에 커플링 콘덴서나 트

---

* 사실 선재는 소자라기보다는 재료에 속하지만 여기서는 이야기 전개를 위해 소자에 포함시켰다.

** 가청 주파수의 교류 성분.

랜스에 의해 직류는 차단되고 음성 신호인 교류 성분만 보내게 됩니다.

인터케이블의 순純 저항 성분은 회로 내에서 어떠한 문제로 나타나기 어려운 구조로 되어 있습니다.

그 이유는 다음 옴의 법칙으로 잘 표현되고 있습니다.

회로 내에 흐르는 전류는 전압에 비례하고 저항에 반비례한다.

옴의 법칙에 근거하여 생각한다면 인터케이블을 통과해 흐르는 전류는 매우 작다고 볼 수 있습니다. 그 이유는 프리나 파워앰프의 입력 임피던스가 매우 높기 때문입니다.[*]

그렇다면 실제 공식에 대입하여 결과를 보겠습니다.

[조건]

입력 임피던스: 100kΩ

출력 전압: 10V[**]

---

[*] 통상적인 프리앰프의 입력 임피던스는 100kΩ 정도이며 반도체식 앰프는 이보다 낮아 10kΩ 까지 내려가는 경우도 있다.

[**] 여기서는 설명을 위해 예시로 10V를 들었으나, 통상적인 경우 음

10(V)/100,000(Ω)=0.0001(A)

즉, 0.1mA 정도가 케이블 내에 흐르는 결과가 나옵니다.

이런 경우라면 극저온 처리를 하거나 귀금속으로 제작하여 선재의 저항값을 아무리 낮춘다 하여도 결과로서의 의미는 커 보이지 않습니다.

다른 조건에서 계산해 보겠습니다.

어떤 선재가 1m당 1Ω의 저항을 갖는다고 가정하고 2m를 사용하여 케이블을 제작하였기에 총 2Ω의 저항값을 가지고 있다고 합시다. 이런 경우 어느 정도의 손실이 발생되고 있을까요?

V=IR

여기에 대입하면

0.0001(A)×2(Ω)=0.0002(V)

악을 들을 때 프리앰프에서 10V가 출력되는 일은 흔하지 않다. 파워앰프를 설계하게 되면 입력 전압이 1V일 때 실효 최대 출력이 얻어지도록 설계하고 있다는 것을 참조.

즉, 0.2mV의 손실이 발생하고 있습니다.

그리고 계산의 편리상 선재 1m당 1Ω의 저항을 갖는다고 설정하였지만 통상 0.1Ω 정도 또는 그 이하의 저항값을 갖고 있습니다. 이 크기를 프리앰프의 출력 전압인 10V와 비교하여 생각한다면, 0.0002V는 아무런 의미가 없습니다.

10(V)/0.0002(V)=50,000

즉, 0.0002V는 10V에 대하여 1/50,000에 지나지 않습니다.

다른 시각으로 보면 본래 10V가 출력되어야 하는데 케이블의 저항으로 손실이 발생하여 9.9998V가 출력되었다는 뜻입니다.

그런데다 이 수치는 효과를 극대화하기 위하여 통상의 경우보다 10배 정도 높게 추정하여 계산된 결과인 것에 주목하여 주십시오.

여러분은 이 변화의 정도를 귀로 들어서 구분하실 수 있다고 생각하시는지요?

인터케이블이 갖는 순저항치의 값이 의미하는 내용은 위와 같으며 결국 무의미하다고 볼 수 있는 이유입니다.

케이블의 저항 성분보다 직접적으로 음질에 중요한 영향을 주고 있는 것은 케이블이 갖는 용량성입니다. 이것은 신호선이 접지선과 나란히 연결되어 있음으로 해서 생기는 현상인데 높은 주파수대에서 감쇠의 형태로 나타납니다.

그것을 표현하는 공식은 다음과 같습니다.

$$fc = 1/2\pi CR$$

fc=컷오프 주파수[*]   C=용량   R=저항

위의 공식을 보면 같은 용량이라도 저항값이 커지면 감쇠되는 주파수대가 낮아지게 되어 있습니다. 이것은 같은 품질의 케이블이라도 사용되는 기기의 출력 임피던스에 따라 고역에서의 특성이 변할 수 있다는 것을 말합니다. 따라서 인터케이블에 의한 영향을 줄이기 위해서는 프리앰프의 출력 임피던스를 충분히 낮게 할 필요가 있습니다.

인터케이블을 바꾸었는데 음질이 변했다면 케이블에서 특정 주파수대의 손실이 있었다는 것을 의미합니다. 이것을 달리 표현한다면 음질의 변화를 느낄 수 없

---

[*] 콘덴서가 주파수에 대해 갖는 저항치.

는 인터케이블이 좋은 특성의 케이블이라는 말로 요약
됩니다. 흔히 '중립적'이라는 평가를 받고 있는 인터케
이블이 여기에 해당되겠죠.

인터케이블과
커패시턴스

콘덴서의 구조는 두 개의 전극이 마주보고 있는 형상입니다. 콘덴서는 주로 신호원 중에 포함되어 있는 직류 성분을 제한하고 교류 성분만을 다음 단으로 보내는 결합용과 교류를 정류하고 난 후 매끄러운 직류를 얻기 위한 평활용으로 사용됩니다. 또한 고역 필터와 저역 필터로서 콘덴서와 저항, 코일을 조합하여 원하는 주파수 특성으로 가공하는 데 쓰입니다.

인터케이블로 사용되는 실드선의 내부 구조를 보면 외피가 본선을 둘러싸고 있는 형상입니다. 그런데 이런 구조는 위에서 설명한 콘덴서의 구조와 같기 때문에 실드선은 구조적으로 '용량성'을 갖고 있습니다.

실드선은 양쪽 끝을 접지하면 본선과 외피가 정전용량*으로 작용하여 고역의 감쇠를 가져옵니다. 그래서 올바른 실드선의 사용법은 실드선의 외피를 오직 실드

* 물체가 전하를 축적하는 능력.

용으로만 사용하는 데 있습니다.

실드의 기본은 보내는 측에서 신호원을 둘러싼 형식으로 보내는 것입니다. 그러므로 이론적으로 완벽한 인터케이블의 제작 방법이란 보내는 측에서 실드선의 외피를 접지하고 받는 측에서는 외피를 접속하지 않는 것입니다. 그리고 별도의 접지선을 이용하여 접지합니다. 이렇게 되면 실드선의 외피가 정전용량으로 작용하지 않게 됩니다. 고급 인터케이블은 대부분 이렇게 제작되고 있으며 이런 경우 반드시 보내는 측과 받는 측의 방향이 정해져 있습니다. 따라서 인터케이블로 사용되는 케이블에는 필연적으로 정전용량이 존재하지만 결선 방식에 의하여 용량성을 상당 부분 없앨 수 있는 것입니다.

이런 내용을 충분히 참고하여 생각해 본다면, 자신의 오디오에 어느 정도의 케이블이 적당한지 스스로 파악할 수 있으리라고 봅니다.

미처 말씀드리지 못했지만 케이블에는 미세한 인덕턴스 성분도 포함되어 있습니다. 선재는 구조상 인덕턴스 성분과 커패시턴스* 성분, 그리고 순수한 저항 성분의 세 가지를 직렬로 연결한 등가회로라고도 생각할 수

---

* Capacitance: 전기용량, 또는 정전용량과 같은 말.

있습니다.

그런데 인터케이블의 인덕턴스 성분은 메가헤르츠 MHz, 또는 기가헤르츠GHz 단위에서 거론될 정도의 수준입니다. 그러니 가청 주파수대에서 사용되는 인터케이블에서 인덕턴스 운운하는 것은 민심을 현혹하는 논리라고 생각합니다.

좋은 케이블과 그렇지 않은 케이블의 음색 차이는 고역에서 나타납니다. 그것은 케이블의 정전용량에 의한 결과입니다. 정전용량의 영향을 줄이려면 소스기기나 프리앰프의 출력 임피던스가 가능한 한 낮아야 됩니다. 만약 출력 임피던스가 충분히 낮다면 선재가 외부의 영향을 받지 않으므로 실드선을 사용하지 않아도 잡음이 유입되지 않을 정도가 되기 때문입니다. 이런 경우 굳이 인터케이블로 실드선을 사용할 필요가 없으며 정전용량에 의한 고역 감쇠 현상을 근본적으로 해결할 수 있습니다. 실제로 이런 유형의 케이블이 매우 고가에 판매되고 있는 것을 본 적이 있습니다.

이런 무無실드 케이블이 쓰일 수 있는 이유는 요즘 들어 소스기기나 프리앰프의 출력 임피던스가 매우 낮아진 현상에 기인합니다. 그러나 요즘 출시되는 오디오 기기들의 출력 임피던스는 충분히 낮게 제작되고 있지만, 옛 기기의 회로를 채택한 복각 앰프들 중에서는 높

은 출력 임피던스를 가진 프리앰프들이 많으므로 주의
를 요합니다.

직접
고음질 인터케이블
만드는 법

인터케이블은 구조가 복잡하지 않기에 조금의 수고를 감수한다면, 직접 만들어 사용할 수 있습니다. 이제 그 제작 과정을 알려드리겠습니다.

[준비물]

1. RCA 플러그 단자
1조분에 적색 2개, 흑색 2개가 필요합니다.

2. 인터케이블용 선재
내부에 두 개의 선재가 들어 있는 실드선이 필요합니다. 선재의 굵기는 중요하지 않으나 반드시 실드선을 제외하고 두 개의 신호선이 들어있는 케이블이어야 합니다.

3. 수축튜브

흑색: 3파이*, 6파이, 12파이

적색: 6파이

4. 인두와 실납, 와이어 스트립퍼, 핀셋, 니퍼, 수축튜브
에 사용할 열풍기

위 사진의 RCA 플러그 단자는 폴리에이브이 사이트
**에서 구입한 일본 나카미치사 제품입니다. RCA 잭에
꽂은 후 조여주는 타입으로, 깔끔하게 보이고 잘 만들
어졌습니다. 1조분으로 적색 두 개, 흑색 두 개, 총 4개
가 필요합니다.

....

* 여기서 파이는 원주율의 단위인 π 이며, 파이 앞의 숫자는 튜브의
직경 길이(mm)다. (편)

** www.polyav.com

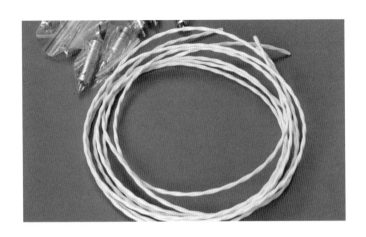

위 사진은 인터케이블 선재입니다.

이 선재는 항공기에서 축출한 케이블로 알려져 있으며, 두툼하고 세밀하게 처리된 실드와 함께 두 개의 신호선이 들어있습니다. 외피는 테프론입니다. 외경 3.5 파이이며, 실드선 내부에 1.3파이의 백색, 흑색의 테프론으로 피복된 두 개의 선이 들어 있습니다. 종로 3가 근처 장사동 골목에서 구입할 수 있습니다. 이곳에 테프론 실드선을 판매하는 상인들이 있습니다.

이제 준비한 수축튜브를 적당한 크기로 미리 잘라 놓습니다. 1조 기준으로 다음과 같이 미리 준비해 놓습니다.

흑색 3파이 튜브: 길이 30mm × 4개

흑색 6파이 튜브: 길이 50mm × 12개

길이 70mm × 2개

길이 120mm × 2개

흑색 12파이 튜브: 길이 20mm × 12개

적색 6파이 튜브: 길이 70mm × 2

길이 120mm × 2

　위 사진처럼 인터케이블 선재의 끝부분을 미리 벗겨 놓습니다.

　외피를 약 15mm정도 벗겨내면 백색선과 흑색 선, 그리고 실드선이 보입니다.

　여기서 위 사진처럼 흑색선과 실드선을 합쳐 꼬아 놓습니다. 이렇게 처리한 쪽이 보내는 곳이 됩니다.

　이 케이블을 만들 때는 반드시 이 한 쪽만 실드선과

합쳐야 합니다.

흑색선과 실드 외피가 합쳐졌으므로 두 개의 선이 되었습니다. 선재의 시작 부분이라 끝 부분의 색상이 조금 검게 보이지만, 잘라내고 사용할 것이기에 상관없습니다.

이곳에 수축튜브를 넣고 열풍기로 가열합니다.

편의상 적색 RCA 플러그부터 만듭니다.

수축튜브를 넣는 순서는 다음과 같습니다.

흑색 3파이 길이 30mm × 1

흑색 6파이 길이 50mm × 3

적색 6파이 길이 120mm × 1[*]

흑색 12파이 길이 20mm × 3

나카미치 RCA 플러그는 원래 굵은 선재를 사용하도록 제작되었는데, 여기서 실제로 사용하는 선재는 굵기가 그에 비해 가늡니다. 이것을 보정하기 위하여 수축튜브를 사용하는 것입니다. 만약 굵은 선재를 사용한다면, 수축튜브를 사용하지 않아도 됩니다.

---

[*] 보내는 쪽을 표시하기 위하여 길이를 120mm로 하였다.

　위는 수축튜브를 삽입하여 열풍기로 가열하여 수축
해 놓은 상태입니다.

　신호의 흐름대로 보내는 쪽은 수축튜브의 길이를 길
게 하여 구분되게끔 만들었습니다. 튜브의 길이가 긴
쪽을 소스기기에 연결하면 됩니다.

　이렇게 완성된 케이블 선재를 RCA 플러그에 연결해
야 합니다. 우선 보내는 쪽부터 연결해 보겠습니다.

　여기서 RCA 플러그를 다시 한 번 보겠습니다.

이 나카미치 RCA 제품은 본선은 나사로 조이게 되어 있고 접지선은 납땜을 하게 되어 있습니다. 그러나 본선 부분을 2mm의 육각렌지로 나사를 풀어내고, 납땜을 합니다. 머리 없는 볼트로 되어 있어 2mm 렌지로 조일 수도 있지만, 반드시 납땜을 하는 것을 추천합니다. 나사로만 조여 놓으면 시간이 지나면서 나사가 조금씩 풀어지고 그로 인해 트러블이 발생하기 때문입니다.

조금 전 흑색 선과 합쳤던 외피는, RCA 플러그 단자 중간 부분의 두 줄의 홈이 파인 곳에 납땜합니다. 이곳에 납땜을 하면 조금 두꺼워지고 커버와의 사이가 조밀하여 삽입이 되지 않을 수도 있습니다. 그러므로 납땜한 부분을 줄로 적당히 마무리하며 갈아냅니다.

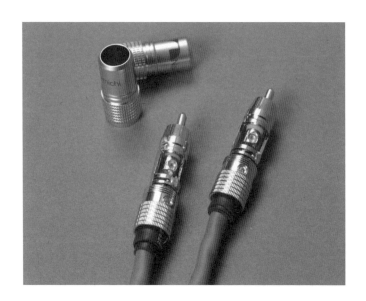

　마지막으로 RCA 플러그 단자 하단에 있는 렌지볼트를 조여주면 단자와 케이블이 기구적으로 완벽히 체결되어 흔들리지 않게 됩니다.

　여기까지 마무리하면, 이제 인터케이블의 반대 방향을 만들 차례입니다.

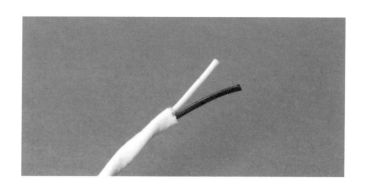

　반대 방향인 받는 쪽 RCA 플러그 단자에는 실드선을 연결하지 않습니다. 따라서 위 사진처럼 실드 외피는 모두 잘라내고 백색 선과 흑색 선만을 남겨둡니다.

　여기에 조금 전과 마찬가지로 흑색 3파이 길이 30mm 수축튜브를 끼운 후 가열하여 조입니다. 이 튜브는 혹시라도 잘라낸 실드 외피선이 노출되어 RCA 플러그에 닿지 않도록 합니다.

　그 후,

흑색 6파이 길이 50mm×3개
적색 6파이 길이 70mm×1개[*]
흑색 12파이 길이 20mm×3개

를 순서대로 삽입하여 열풍기로 가열하여 수축시킵

* 받는 쪽을 표시하기 위하여 길이를 70mm로 하였다.

니다.

RCA 플러그 단자에 백색 선을 본선 단자에 납땜하고 흑색 선을 RCA 플러그 단자 중간 부분에 납땜합니다.

납땜으로 인하여 두툼해진 부분을 줄로 갈아냅니다.

RCA 플러그의 중간 볼트를 조여주고 커버를 결합하면 완성됩니다.

위와 같은 방법으로 나머지 흑색 선 인터케이블을 완성하면 됩니다.

다음 사진은 추가로 진행한 흑색 선 쪽도 완성되어 앞서 제작한 인터케이블과 함께 찍은 사진입니다.

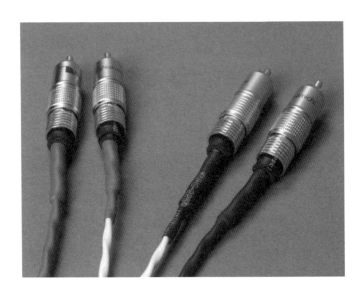

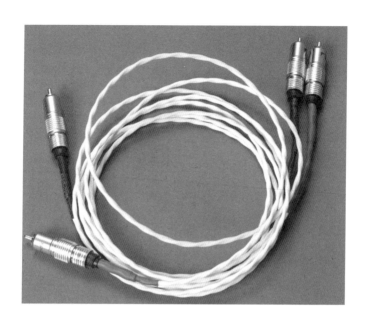

위 사진은 제작을 완료한 인터케이블의 전체 사진입니다. 여기서 제작한 케이블은 필요에 의해 2.1m 길이로 만들었습니다.

스피커 케이블
해석하기

스피커 케이블은 인터케이블과는 사뭇 다른 조건에서 동작하게 됩니다. 간단하게 정리해 보면 다음과 같습니다.

1. 파워앰프에서 출력되는 임피던스가 극히 낮다
2. 케이블로 흐르는 전류가 매우 크다.

첫 번째 특징으로 인하여 스피커 케이블은 외부로부터 영향을 받지 않으므로 케이블을 실드 할 필요는 없습니다. 그러나 인터케이블에서는 수십 uA 단위로 흐르던 전류가 스피커 케이블에서는 수 A 단위가 됩니다. 그리고 스피커 케이블의 특성 상 선재의 저항 성분이 중요한 만큼 단자 처리 부분에서도 저항 성분이 증가하지 않도록 하는 배려가 필요합니다.

여기서 옴의 법칙을 다시 한 번 볼 필요가 있습니다.

회로 내에 흐르는 전류는 전압에 비례하고 저항에 반비례한다.

$E=IR$

E: 전압   I: 전류   R: 저항

위의 공식으로 보면 저항이 변하지 않아도 전류가 증가하면 그만큼의 손실로 나타나게 됩니다.

그리고 키르히호프의 전류에 관한 법칙 중 제2법칙에 의하면 '회로에 가해진 전압과 소비되는 전압의 합은 같다'고 하였습니다.

옴의 법칙과 키르히호프의 법칙을 스피커 케이블에 적용하여 보면 다음과 같습니다.

파워앰프에서 20V가 출력되었고 스피커 케이블을 통하여 8Ω의 스피커에 연결이 되어 있다면 2.5A의 전류가 흐르게 됩니다. 이때 사용된 스피커 케이블의 순저항성분이 1Ω이었다면 2.5V의 전압 강하가 나타납니다.

위의 키르히호프의 법칙에서 '가해진 전압과 소비되는 전압의 합은 같다'고 하였으니 케이블에서 손실된 2.5V를 제한 17.5V만이 스피커에 가해집니다. 즉, 2.5V의 손실이 스피커 케이블에서 발생한 것입니다.

이와 같은 손실을 줄이기 위한 유일한 방법은 선재의 순저항치를 줄이는 것입니다. 그래서 스피커 케이블의 기본적인 덕목은 '순저항 성분이 낮아야 한다'는 점입니다.

파워앰프에서는 저음이 재현될 때 가장 많은 전류가 흐릅니다. 전류가 많이 흐르면 위의 예시처럼 손실도 같이 증가하게 됩니다. 결국 저음을 잘 나오게 하려면 스피커 케이블의 순 저항치를 줄여 손실을 줄여야 합니다.

그리고 스피커의 임피던스가 낮을수록 스피커 케이블에는 더욱 많은 전류가 흐르게 됩니다. 이론적으로 8Ω 스피커에 비해 4Ω 스피커에서는 두 배의 전류가 흐르게 됩니다. 반대로 스피커의 임피던스가 16Ω일 때는 8Ω 스피커에 비하여 1/2의 전류가 흐르므로 스피커 케이블에 대한 영향이 그만큼 줄어들게 됩니다. 결국, 같은 스피커 케이블이라도 스피커의 임피던스가 낮을수록 케이블에 의한 손실이 증가하므로 음질의 열화로 나타나기 쉬운 조건이 됩니다.

의욕만 있다면 스피커 케이블을 스스로 제작해 볼 수 있겠지만 스피커 케이블을 자작하기 위하여는 좋은 선재를 구입하는 것이 관건입니다. 선재를 구입할 때는 가급적 가는 선이 여러 겹으로 구성되어 충분히 굵은 케이블 중에서 고르는 것이 좋습니다. 아무리 뛰어난 스펙을 가졌어도 굵기가 가늘면 좋은 특성이 되기에는 한계가 있기 때문입니다. 그리고 양쪽 끝의 단자 마무리는 나사 조임식보다는 납땜으로 하는 것이 좋습니다. 나사 방식은 시간이 지나면 조금씩 느슨해진다는 단점이 있습니다.

최근 소개되는 선재들을 보면 과거의 선재와는 비교할 수 없을 정도의 좋은 특성을 가지고 있습니다. 하지만 이렇게 좋은 특성의 케이블은 가격이 매우 비싸다는 단점이 있습니다. 그래서 스피커 케이블을 손수 제작한다고 할 때 비교적 저렴하면서도 음질에 있어 만족할 수 있는 방법을 소개하자면, LS산전(LS일렉트릭)에서 생산된 3.5mm 무산소 동선을 두 겹으로 하여 이것을 같이 묶어 하나의 선으로 사용하는 것입니다. 조금 굵어지는 것이 단점이나 이보다 굵은 스피커 케이블도 흔합니다. 앞서 내용처럼 이렇게 단면적을 늘리면 순 저항치가 낮아집니다. 그리고 길이를 짧게 하여도 순 저항치는 낮아집니다. 그러니 모노 블록으로 파워앰프를 구성하여 양쪽 스피커 바로 옆에 놓고 스피커 케이블을 짧게 사용하는 것이 손실을 최소화하는 가장 완벽한 방법입니다.

모든 선재는 순저항 성분과 코일 성분, 용량 성분으

로 이뤄진 등가회로라고 볼 수 있습니다. 그러나 파워 앰프의 출력 임피던스는 매우 낮아 케이블의 코일 성분과 용량 성분이 가청 주파수대에서는 아무런 영향을 주지 못합니다. 그리고 평행으로 사용되는 스피커 케이블의 인덕턴스가 문제가 되는 주파수대는 최소 기가헤르츠대 이상의 상황입니다.

이상으로 교과서적인 이론을 바탕으로 살펴본 케이블에 대한 이론적 해석은 인터케이블의 성능이 부족하면 고역의 특성 저하로, 스피커 케이블의 성능이 부족하면 저역의 특성 저하로 나타나게 된다는 것으로 요약하며 끝내겠습니다.

AC INLET 단자의
접지에 대하여

우리나라는 과거 100V의 가정용 AC 전압을 사용하였지만, 지금은 220V로 승압되어 있습니다. AC 전압을 높이게 되면 각 가정마다 송전하는 과정에서 나타나는 전압 강하 현상이 완화되기에 전압이 안정된다는 장점이 있습니다.

그러나 안전이라는 측면에서는 문제가 심각할 수도 있습니다. 100V에 감전되면 사람이 죽지 않지만, 220V에 감전되면 죽을 수도 있기 때문입니다. 여러분은 장마철에 감전되어 사람이 죽었다는 뉴스를 본 적 있을 것입니다. 사정이 이러하기에 100V를 사용하는 나라는 인권을 중시하는 나라고 220V를 사용하는 나라는 효율을 중시하는 나라라는 말이 있을 정도입니다.

수년 전 모든 건물에 접지를 의무화하는 법이 공표되어 새로 건축하는 모든 건물에는 접지선이 설치되고 있습니다. 여기서 말씀드리는 접지는 증폭 회로의 접지와

가운데에 접지 단자가 있는 AC INLET 단자

는 다른 내용입니다. 즉, 지층의 1m 깊이에 접지봉을 묻고 그 선을 연장하여 각 AC 콘센트에 연결된 선을 말합니다.

이것은 땅속 깊이 접지봉을 묻고 그 선을 연장하여 각 콘센트에 연결해 놓음으로써, AC 플러그를 콘센트에 꽂으면 전자 기기의 몸체가 접지에 연결되어 만약의 누설전기에 따른 사태에 대비하도록 조치한 것입니다. 가령, 무슨 이유로 전자 기기 표면에 전기가 흐를 경우 전자 기기 표면에 연결된 접지선을 통하여 전류를 땅으로 흘려 보냄으로써 인체에 미치는 영향을 해소하고자 하는 대책입니다. 전자 기기에는 AC 전원 코드를 삽입할 수 있는 AC INLET 단자가 있고 INLET 단자 중간에는 건물의 접지와 연결되는 접지 단자가 있습니다.

한국전력에서 오는 전기선은 두 선이며 두 선 중 한쪽을 접지하여 송전합니다. 접지한 쪽을 콜드선, 접지

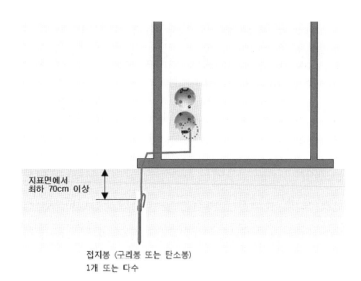

옥내 배선 접지의 기본 개념도

가 안 된 쪽을 핫선이라 합니다. 그런데 가정에 들어오는 전기선은 접지선을 포함하여 3개의 선이 있습니다. 그중 녹색 선이 지면접지*에서 오는 접지선이며, 녹색으로 구분하는 것이 세계 공통입니다.

　이 접지선을 측정해 보면, 가끔은 접지선**에 전압이 나타나는 경우가 있습니다. 이것은 대부분 접지 공사가 안 된 경우에 나타나는 현상인데, 접지선이 어디에선가 220V의 핫선에 의해 누전되어 그런 것입니다. 작게는 수 볼트에서 많게는 80V 이상이 될 때도 있습니다.

* 접지봉.

** 녹색 선.

가끔 앰프의 표면을 만졌을 때, 느낌이 이상하고 마치 전기가 흐르는 것 같은 현상을 경험하신 적이 있을 것입니다. 이럴 때가 접지선에 누전이 되고 있을 때입니다. 이때 AC 플러그의 삽입 방향을 바꾸어 꽂으면 이런 증상은 대부분 없어집니다. 그러나 누전되고 있는 전압이 높을 경우에는 누전된 전압이 섀시의 표면으로 흐르며, 퓨즈가 끊어지는 현상이 발생합니다. 이 경우에 전자 기기의 AC INLET 접지 단자의 접지선이 연결되어 있지 않다면, 접지선으로의 연결이 안 되어 퓨즈가 끊어지는 현상은 발생하지 않습니다. 대신 사람의 몸을 통하여 지면으로 전류가 흐를 수 있습니다. 이것이 접지선을 연결해 놓는 이유입니다.

하지만 많은 전자 기기 제조업체에서 AC INLET 접지 단자의 접지를 하지 않고 있습니다. 이것은 단지 국내뿐만이 아닙니다. 일본의 경우도 마찬가지입니다.

다음 229쪽의 사진은 마란츠의 SA-11S2 CDP 후면입니다. 국내에 꽤 많은 양이 판매된 것으로 압니다. 그런데 후면의 AC INLET을 자세히 보면 아예 접지 단자가 없습니다. 위에 얹어 놓고 찍은 부속품의 AC 코드를 보아도 국내에서 흔히 보는 모양은 아닙니다.

그런데 국내 가전제품도 마찬가지입니다. 세탁기 후면을 보면, 녹색 선이 매달려 있는 것을 보신 적 있을

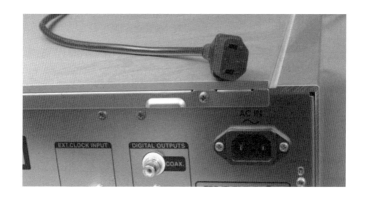

것입니다. 사실 AC 콘센트에 접지핀이 있어 AC 플러 그를 콘센트에 꽂기만 하면 자연스럽게 접지가 되지만, 내부에서 연결하지 않고 별도의 선을 내놓은 것입니다.

왜 이렇게 했을까요?

이것이 여러분에게 드리고 싶은 말씀입니다.

모든 건물에 접지선을 묻을 것을 법으로 정해 놓았다 해도, 정작 전자 기기를 제작하는 곳에서 AC INLET의 접지 단자를 접지해 놓지 않는다면, 아무런 의미가 없 기 때문입니다.

그러나 여기에도 사정은 있습니다. 국내의 접지 상황 은 너무 안 좋습니다. 접지의 끝은 반드시 땅속에 접지 봉을 묻어야 하는 접지 공사를 해야 하는데, 과거에 지 은 건물은 그렇지 않은 경우가 대부분입니다.

이런 이유로 AC 콘센트에 연결된 접지를 이용하여 접지를 하면 오히려 잡음이 증가한다든가, 접지선의 누전에 의해 퓨즈가 나가는 일이 발생합니다. 이것은 기기를 제작하는 곳에서 잘못한 것이 아니기에 이러한 접지 문제를 제작사에서 해결하기는 쉽지 않을 것입니다.

그래서 국내 제작사는 물론이고 외국의 제작사들도 국내에서 판매되는 제품에는 대부분 접지 단자에 접지를 하지 않습니다. 어차피 AC 단자에 접지를 하지 않아도 동작에 아무런 문제가 없을 뿐 아니라, 공연히 고객 집 접지선 상태까지 신경 써야 하는 사태가 발생할 지도 모르니… 당연히 그럴 것입니다.

비록 AC INLET의 접지 단자에 접지가 안 되어 있다 하여도 기기의 동작에 문제가 발생하는 것은 아닙니다. 오히려 접지를 하였을 경우, 각 건물의 접지 상황에 따라 다양한 문제가 발생하고 있기에 부득이 접지를 하지 못하고 있다고 해야 정확한 표현일 것입니다.

스피커 시스템의
구조

세상에는 다양한 구조를 가진 스피커들이 존재합니다. 그리고 스피커들은 채용한 인클로저의 구조와 유닛에 의하여 각각의 음질적 장단점을 가지고 있습니다. 상황이 이렇다 보니 이제 막 오디오를 취미로 시작하며 스피커를 선택해야 하는 상황이 닥치면 어떤 스피커를 선택해야 하는지 그 기준을 알 수 없어 혼란을 겪게 됩니다. 그러나 다양한 스피커들이 존재하지만 그 특징을 잘 알고 있다면 자신에게 맞는 스피커를 고르는 것이 그리 어려운 문제는 아닐 것입니다.

스피커 시스템에서 중·고음 대역은 주로 해당 유닛 특성에 의해 결정됩니다. 따라서 중·고음 부분은 스피커 시스템 제작자의 역량에 영향을 받지 않습니다. 다만, 스피커 제작자의 안목에 의한 유닛 선택의 문제가 남습니다.

그러나 저음 대역은 유닛과 인클로저의 상관관계에

의해 특성이 결정됩니다. 따라서 우퍼 유닛의 특성이 곧 저음의 특성이 되는 것이 아닙니다. 이런 이유로 인클로저의 방식과 함께 제작자의 역량은 저음 대역의 음질에 영향을 주게 됩니다.

1. 평면 배플Baffle

평면의 판재에 스피커 유닛을 부착한 간단한 형태의 스피커 시스템입니다.

스피커 유닛이 동작할 때 스피커 후면에서는 역위상의 파형이 발생합니다. 이것이 전면에서 방사된 신호와 겹칠 경우 상쇄되어 약화되는 현상이 발생합니다. 평면으로 된 배플은 이런 현상을 완화시켜 어느 정도 온전한 소리가 되도록 해줍니다.

그러나 평면 배플은 진폭이 커지는 저역으로 갈수록 후면으로 방사된 소리가 전면에서 방사된 소리와 겹쳐지는 정도가 증가합니다. 그 결과 저음의 감쇠가 증가한다는 약점을 가지고 있습니다. 그래서 평면 배플의 효과를 증가시키기 위해서는 가능한 큰 배플을 사용할 필요가 있습니다.

만약, 무한한 크기의 평면 배플을 설치할 수 있다면 가장 이상적인 스피커 시스템을 제작할 수 있을 것입니다. 전면에서 방사된 음파와 후면에서 방사된 음파가 서로 만나 상쇄되는 일이 불가능해지기 때문입니다.

평면 배플은 저음 특성이 부족하지만 단순한 구조이므로 아마추어의 자작용으로 사용되고 있습니다. 그리고 특성 상 주로 소형의 풀레인지 스피커를 장착하여 사용합니다. 이 구조는 제작이 간단하다는 것이 가장 큰 장점입니다.

2. 후면 개방형 인클로저

이 방식은 흔히 볼 수 있는 형태의 인클로저의 후면이 개방되어 있는 형태입니다.

후면이 개방되어 있으므로 평면 배플이 갖는 특성을 갖게 되지만, 평면 배플보다는 저역에서의 감쇠가 덜한 편입니다. 그러나 저음 특성에 대한 아쉬움은 그대로 남아 있어 본격적인 하이파이 특성을 기대하기는 어렵습니다.

3. 밀폐형 인클로저

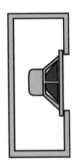

밀폐형 인클로저는 후면 개방형 인클로저의 후면을 막아놓은 형태의 인클로저입니다.

밀폐형 구조이므로 스피커 유닛 후방으로 방사되는 음파가 전면에 영향을 주지 않습니다. 그러나 밀폐된 공간으로 인하여 스피커 유닛의 움직임에 제동이 걸려 음압은 낮아집니다.

밀폐형 스피커는 구조상 완벽한 밀폐가 이루어져야

원하는 특성을 얻을 수 있습니다. 그리고 큰 유닛을 사용하게 되면 인클로저 내부의 압력이 높아져 밀폐성을 유지하기 어려워집니다. 따라서 주로 작은 크기의 우퍼 유닛을 선택하여 제작합니다.

밀폐형 인클로저로 재현되는 저역의 음질에는 탄력이 있습니다. 따라서 밀폐형 인클로저는 작은 크기로도 비교적 낮은 저음을 얻을 수 있다는 장점이 있습니다. 이러한 특성 때문에 작은 크기의 제품이 많으며 비교적 작은 공간에서 사용할 때 좋은 결과를 얻을 수 있습니다.

그러나 밀폐형 구조로 인해 음압 감도가 낮아 앰프 선택에서 자유롭지 못하게 됩니다. 이것은 마치 동그란 풍선을 위에서 누르면 폭은 넓어지지만, 높이는 낮아지는 것과 같은 이치의 현상입니다.

그래서 통상 83~85dB 전후의 제품이 많은 결과를 낳고 있으며 구동력이 좋은 비교적 고출력의 앰프를 매칭하여 사용해야 밀폐형 인클로저 스피커 시스템의 좋은 특성을 실현할 수 있습니다. 작은 방에서 사용할 경우, 진공관 앰프 기준으로 약 20~30W 정도를 추천합니다. 공간이 커지면 조금 더 높은 앰프의 출력이 필요해지지만, 이럴 때에는 작은 크기의 우퍼로 인하여 스피커의 콘지가 이탈할 수도 있기에 큰 공간에서의 사용은 피하는 것이 좋습니다.

4. 덕트형 인클로저

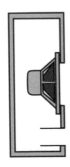

덕트형은 유닛의 후방으로 방사된 음파를 적당한 길이의 도관, 즉 덕트를 거쳐 출력하여 저음의 증강을 이루는 방식입니다.

위 이미지는 전면 덕트형 인클로저입니다. 덕트는 일반적으로 전면, 또는 후면에 있을 수 있습니다. 후면 덕트형일 경우 벽면에 밀착시키는 것보다 조금 띄어서 배치하는 것이 저음 특성 상 유리합니다. 따라서 처음에는 벽에서 약 50cm 정도 거리를 두고 설치한 후 청음 테스트를 하며 최적점을 찾을 필요가 있습니다.

덕트형은 덕트에 의한 공진 주파수를 이용하여 저음 대역을 확장하고 있으며, 밀폐형과 비교하여 같은 크기의 인클로저라면 비슷한 정도의 저음을 높은 음압 감도로 실현할 수 있다는 장점이 있습니다. 그래서 음압 감도 89dB 전후의 제품이 많습니다.

과거에 명기라 평가받던 스피커들도 덕트형 방식의 인클로저를 많이 채용하였습니다. 다만 덕트형은 설계가 까다로운 방식이라서 제작자의 역량에 따라 저음의 특성이 결정됩니다. 특히 덕트부의 설계가 부실할 경우 특정 대역에서 유난히 둥둥거리는 소리 때문에 저음이 잘 나온다고 착각할 수 있습니다. 그래서 덕트형 스피커의 역량을 확인하려면 다양한 장르의 음악을 충분히 들어보는 것이 필수입니다.

덕트형은 가장 많은 제작자들이 채택하는 방식이지만, 옥석이 난무하는 가운데 좋은 스피커를 선택해야 하는 입문자로서는 많은 혼란을 느낄 수 있습니다.

5. 백로드형 인클로저

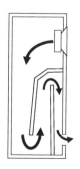

이 방식은 미로형의 혼을 이용하여 후면으로 방사된 음파를 증강시키는 구조의 인클로저입니다.

유닛의 후면으로 방사된 음파는 후면에 마련된 미로형의 혼을 통과하는 과정에서 중·고음은 흡음재에 흡수됩니다. 이 구조는 저음 대역만 방사되어 작은 풀레인지 유닛만으로도 풍성한 저음을 얻을 수 있습니다.

그러나 저역에서의 충분한 특성을 고려하여 제작한 후면 미로형 혼의 길이는 3m 정도로 깁니다. 이 긴 길이로 인한 소리의 시간차가 발생한다는 약점이 있습니다. 그렇다고 소리의 시간차를 개선한다면서 혼의 길이를 짧게 만들면 저역 특성이 짧아진 길이에 비례하여 저하됩니다. 그리고 전·후면에서 방사된 음파가 겹치는 200Hz 부근에서는 저음 특성이 고르지 못하고 소란스럽다는 느낌이 들 수 있습니다.

좋은 스피커를
고르는
기준

　상당수 빈티지 스피커들은 15인치나 그 이상의 우퍼를 채용하여 제작하였습니다. 그런데 빈티지 스피커들은 우퍼에서 고음이 강조되는 음질적 특성이 있습니다. 주로 토키talkie용으로 사용하는 것을 전제로 제작되었기 때문입니다. 이런 경우 고음의 레벨을 저음 대역의 레벨과 맞추는 과정이 필요하지만, 그렇지 않은 경우도 있기에 반드시 확인이 필요합니다. 이러한 사정이 있기에 과거의 명성만을 믿고 구입할 경우 낭패를 당하는 경우도 있으니 주의가 필요합니다.

　좋은 음질의 스피커란 저음과 고음의 밸런스가 잘 맞는 스피커라고 할 수 있습니다. 그런데 좋은 밸런스란 전기적으로 평탄한 특성을 말하는 것이 아닙니다.

　처음 오디오를 시작하는 사람은 모니터 스피커를 좋은 스피커라는 의미로 해석하기도 합니다. 모 방송국에서 모니터용으로 사용하고 있다고 하기에 더욱 긍정적인 인상이 들 것이고, 마치 좋은 음의 기준처럼 보이기도 할 것입니다.

그러나 모든 사물에는 용도가 있습니다. 모니터용 스피커는 음을 녹음하는 데 있어 음향 엔지니어가 청감상의 기준을 잡기 위하여 제작된 스피커입니다. 모니터 스피커는 그런 용도에 부합하기 위하여 나름대로 특성이 있습니다.

스피커 시스템에 채용된 우퍼의 크기에서 나타나는 음질적 특성을 간략하게 정리해 보겠습니다. 큰 구경의 우퍼를 채용한 스피커들은 음의 개방감이 높고 자연스러운 느낌이 강합니다. 그리고 대부분 높은 음압 감도를 가지고 있습니다. 통상 100dB 전후의 감도를 가지고 있기에 앰프의 선택이 자유로우며 소출력의 진공관 싱글앰프로도 잘 울릴 정도의 능력을 가지고 있습니다. 작은 구경의 우퍼를 채용한 스피커들은 단정한 느낌이 들지만 공간을 가득 채우는 풍성한 느낌은 다소 부족하게 느껴집니다.

당연한 내용이기도 하지만, 저음이 잘 나오는 스피커는 자칫 고음이 부족한 스피커일 수 있습니다. 반면, 고음이 잘 나오는 스피커는 저음이 부족한 스피커일 수도 있는 것입니다. 어떤 스피커는 풍성한 저음이 나오는데, 어떤 스피커는 조금 부족하게 들리고 어떤 스피커는 고음이 유난히 강조되어 있는데 어떤 스피커는 조금 부족하게 들릴 수도 있습니다. 우리의 청감은 음의 레벨을 상대적으로 가늠하기에 그렇습니다.

　이런 이유로 스피커를 선택할 때는 저음과 고음의 밸런스를 중시하여 들어 보는 것이 매우 중요합니다. 그리고 좋은 스피커란 청감 상 밸런스가 맞는 스피커이며, 청감 상 밸런스에는 청감 능력을 포함하는 각 개인의 취향이 반영됩니다.

오디오 취미와
블라인드 테스트

얼마 전 늦은 밤, 여성용 화장품을 블라인드 테스트하는 TV 프로그램을 본 적이 있었는데, 집사람이 재미있어 하고 저도 블라인드 테스트의 결과가 궁금하여 프로그램이 끝나도록 보았습니다. 이렇게 브랜드를 가려 놓고 하는 블라인드 테스트는 제품에 대한 선입견이 없는 상태에서 결정하는 것이기에 의외의 결과에 놀라워하는 참가자들의 표정이 재미있었습니다.

오디오에서도 블라인드 테스트를 적용하여 다양한 실험을 해 볼 수 있다고 생각합니다. 앰프류와 케이블류, 악세사리 등등 오디오와 관련된 모든 기기가 가능하겠지요.

그런데 흔히 블라인드 테스트라고 하면 대단히 거창하게 생각하시는 분이 참 많습니다. 특히, 어려운 수식을 제시하며 아무나 할 수 없다는 점을 강조하기도 합니다.

생각해 보면 틀린 말도 아니고, 여러 사람에게 객관적인 결과가 나왔다고 증명하기 위해서는 그런 절차가 반드시 필요해 보입니다. 그래야 신뢰성 부분에서 돋보일 테니까요. 그런데 다른 사람에게 보여주고 그 결과를 증명해야만 하는 경우가 아니라면 의외로 쉽게 할 수 있는 것이 블라인드 테스트라고 생각합니다. 저는 개인적인 취향의 판별로서의 블라인드 테스트를 말하고자 합니다.

눈을 가리고 10,000원짜리 와인과 100,000원짜리 와인을 비교 음용하여 보았다고 그 과정과 결과가 잘못되었다고 말할 사람은 없을 것입니다. 오히려 자신의 입맛에 맞는 와인을 가격과 브랜드에 관계 없이 고를 수 있는 기회가 되었을 지도 모릅니다. 'ㅇㅇ악세사리는 효과가 있는지', 'ㅇㅇ케이블은 사용해야 하는지 말아야 하는지'가 궁금해질 때 블라인드 테스트를 활용해 본다면 스스로 그 답을 얻을 수 있을 것입니다.

여기서 중요한 것은 실험을 도와주는 사람이 반드시 필요하다는 것입니다. 혼자 하는 실험은 블라인드 테스트라 할 수 없겠죠.

수 차례 테스트를 반복했는데도 뚜렷한 결과를 얻을 수 없어 혼란스러울 때도 있습니다. 그럴 경우의 해당 제품은 사용해도 좋고, 사용 안 해도 좋다고 생각합니다. 왜냐하면 스스로 구분을 못하는 정도이니 그 차이는 매우 미미하다고 보는 것이 맞기 때문입니다.

분명한 것은 테스트하는 사람의 능력 부족으로 그런 결과가 나오는 게 아니라는 사실입니다. 이런 블라인드 테스트는 누구에게 보여주기 위한 것이 아니므로 스스로의 감성과 느낌대로 진행하는 것이 중요합니다. 그리고 반복하여 실험하는 것도 스스로의 평가에 대한 신뢰성을 쌓아가는 과정이라 생각합니다.

부탁드리고 싶은 것은 스스로 실행한 블라인드 테스트에서 어떤 결과가 나왔든 자신의 참고용으로 만족해야 한다는 것입니다. 타인에게 그 결과를 발표하여 고정불변의 답인 것처럼 여기면 신뢰성 문제로 논란의 대상이 될 수 있습니다. 스스로 보면 명백한 사실도 다른 사람의 시각으로 보면 문제가 될 수 있다는 것이 블라인드 테스트의 한계입니다. 그리고 그 한계를 극복하기 위하여 많은 수식과 복잡한 절차가 필요해진다고 생각합니다.

마나님과 오붓이 할 수도 있고 동호인 몇 사람이 모여서 해 볼 수도 있는 작은 실험이지만 이런 실험의 결과가 축적된다면 스스로의 검증 능력이 향상될 뿐 아니라 오디오 전반에 대한 선입견을 해소하는 데 큰 도움이 되리라 기대합니다.

최상의 매칭을
위한
이론적 해석

오디오를 즐기는 모든 사람들이 매칭의 중요성을 말하지만, 매칭에 대하여 제대로 이야기하는 사람이 드문 것도 현실입니다. 나름대로 산전수전 모두 겪은 수준급의 마니아도 놓치기 쉬운 매칭의 개념을 정리해보고자 합니다.

흔히 매칭이라 말하지만 크게 나누어 다음 두 가지로 말할 수 있습니다.

1. 레벨 매칭
2. 음색적 매칭

위 두 가지는 내용이 전혀 다르며 레벨 매칭의 내용은 전자 이론을 배운 사람이 아니라면 이해하기 힘든 내용입니다. 특히 전자 이론에 대하여 어느 정도 아는 사람이더라도 증폭 회로에 대하여 관심 있게 공부하지 않았다면 역시 정확히 알기는 역시 힘든 내용입니다.

사정이 이러하니 일반인들이 매칭을 제대로 이해 못 하는 것은 오히려 당연한 일이라 하겠습니다. 그러나 광범위한 내용이라 복잡하게 느껴질 뿐, 내용 자체가 어려운 것은 아니기에 가능한 한 자세히 말씀드리겠습니다.

지금 50W의 파워앰프가 있다고 했을 때 출력을 전압으로 환산하면 실효값은 20V입니다. 앰프에서 20V를 출력해야 50W의 출력이 얻어지는 것입니다. 이것을 옴의 법칙으로 알아보겠습니다.

출력 50W가 얻어지려면, $P=E^2/R$이므로 20V가 출력되어야 합니다.

P=전력(출력)　　E^2=20×20　　R=스피커 임피던스(8옴 스피커)

20(V)×20(V)=400

400/8(Ω)=50(W)

위와 같이 됩니다.

그런데 '이런 출력을 얻기 위하여 파워앰프에서 몇 배의 증폭을 하느냐?'에 따라 입력 전압이 결정됩니다.

즉, 이 앰프가 10배의 증폭도를 가지고 있다면 20V를 출력하기 위해서는 20V/10배=2V가 필요하게 됩니다.

이런 앰프에 증폭도가 작은 프리앰프를 연결하면 맥빠진 소리가 되며 파워앰프를 충분히 드라이브하지 못하여 출력도 제대로 나오지 않게 됩니다. 우리는 이런 경우 매칭이 좋지 않다고 말하게 됩니다.

그런데 만약 파워앰프의 증폭도가 50배라고 가정해 본다면,

20(V)/50(배)=0.4V(400mV)

0.4V가 입력되면 파워앰프에서는 20V가 출력되고 그때 전력으로 50W를 출력하게 됩니다. 이때는 증폭도가 작은 프리앰프를 연결하여도 파워앰프를 충분히 드라이브하게 됩니다.

그런데 이런 경우 파워앰프의 증폭도가 높기 때문에 S/N비에서 불리하게 됩니다. 아주 미약한 잡음이라도 스스로 크게 증폭하므로 결과적으로 잡음이 크게 들리게 되기 때문입니다. 더구나 이것은 프리앰프에서의 잡음이 그대로 증폭되는 것을 뜻하기도 하기 때문에 파워앰프의 이득이 높은 것이 마냥 좋은 것은 아닌 것입니다. 특히 이런 조합인 경우 잡음만이 증가하는 것이 아

니라 포화 왜율이 발생할 가능성이 높아져 음이 탁해집니다. 흔히 표현하는 강성의 음이 될 가능성이 높아지는 것입니다. 이런 경우도 매칭이 좋지 않다고 말하게 됩니다.

오디오 시스템을 구성할 때는 단품들을 구입하여 구성하는 경우가 많은데 이 경우에 레벨 매칭이 중요하게 됩니다.

시중에 판매되는 단품들은 어느 정도의 기준은 마련되어 있습니다. 프리앰프의 경우 통상적으로 10배 정도의 이득Gain을 갖도록 제작됩니다. 파워앰프의 경우 10~30배 범위 내에서 제작되고 있습니다. 하지만 어떤 규격이 명확히 있어 그 기준에 따르는 것이 아니기에 시중에서 구입할 수 있는 앰프류의 이득은 다양할 수밖에 없으며 레벨 매칭의 중요성이 강조되는 이유가 되는 것입니다.

예를 들어 어떤 파워앰프의 스펙을 보면 50W 출력 시 입력 전압이 0.775V로 명시되어 있는 경우를 보게 되는데, 그것은 50W를 출력하기 위해서는 775mV의 입력 전압이 필요하다는 뜻입니다. 이때 파워앰프의 실효 출력은 앞서 224쪽에서 살펴본 것처럼 20V입니다. 그리고 이득은 20V/0.775V=25.8배가 됩니다. 이런 경우라면 10배 전후 정도 되는 통상적인 이득을 갖는 프리앰프와의 매칭에서 아무런 문제가 생기지 않습니다.

통상적인 프리앰프와 파워앰프가 조합된 상태에서의 이득을 합치면 대략 200~300배 정도의 이득을 갖습니다. 그런데 두개의 조합으로 구성되는 요건 상 '이득의 배분을 어떻게 하는가?'에 따라서 S/N비의 차이가 나게 됩니다. 좋은 S/N를 원할 경우 前전단에서의 이득을 높게, 後후단에서의 이득을 낮게 설정하는 것이 유리합니다.

이런 현상을 적극적으로 이용하는 회사가 있습니다. 이 회사의 파워앰프들은 이득이 매우 낮게 설정되어 있습니다. 그래서 이런 앰프를 일반적인 이득의 프리앰프와 매칭하면 파워앰프가 제대로 드라이브되지 않아 실력 발휘를 못합니다. 반면 프리앰프의 이득은 매우 높게 설정되어 있습니다. 이 회사의 프리앰프를 통상적인 이득을 갖는 파워앰프와 매칭하면 요란한 화이트 노이즈로 인하여 환영받지 못합니다. 타사와의 매칭에서는 이렇게 문제가 발생하여도 같은 회사의 프리앰프와 파워앰프를 매칭하게 되면 베스트 매칭이 되는데 레벨 매칭에서도 적절하고 S/N비가 좋은 상태가 됩니다. 이런 경우는 자사 제품들로 오디오 시스템을 구성한다는 전제에서 이론적인 내용을 최대한 응용한 결과라 하겠습니다.

레벨 매칭을 충분히 이해하게 되면 종류가 다른 제품이라 하여도 최상의 상태로 조합할 수 있게 됩니다. 물론 지금까지 말씀드린 레벨 매칭에 대한 부분이 그리 쉽게 이해될 만한 내용은 아닙니다. 하지만 레벨 매칭에 대하여 충분히 이해하시게 된다면 수준급 마니아라고 생각합니다. 오디오를 운용하면서 겪는 가장 이해하기 힘든 부분이 바로 레벨 매칭에 관한 문제이기 때문입니다.

이제 음색적 매칭에 대하여 말씀드리겠습니다. 이 부분은 재미있는 이야기를 만들어 낼 수 있는 다양성의 세계이며, 마니아 입장에서는 튜닝을 즐기는 과정이기도 합니다.

음색적 매칭의 기본은 이렇습니다. 소유한 스피커의 음색이 고역이 다소 부족하다면 고역이 조금 강조된 앰프가 필요할 것입니다. 그리고 그 결과는 서로의 약점을 보완한 좋은 결과로서 나타날 것입니다. 이런 조합은 좋은 결과를 가져오므로 '음색적 매칭이 된다' 또는 '매칭이 좋다'라고 표현하게 되는 것이지요. 그러나 그 반대라면 각각의 결점을 통합한 최악의 결과를 가져 올 것이라는 예측을 쉽게 할 수 있습니다.

이렇듯 각 기기의 약점을 보완하며 각 기기의 장점을

극한까지 취한다는 취지의 음색적 매칭은 우선 그 기기의 음색을 충분히 검토한 후 그 부족한 부분을 채워줄 수 있는 기기를 찾아 조합하는 것으로 마무리됩니다.

그러나 이런 과정은 스스로 좋은 음에 대한 기준이 확립되었을 때 비로소 좋은 결과가 나온다고 생각합니다. 타인의 주장에 현혹되어 기기를 바꾸다 보면 적지 않은 수업료를 감수해야 되지요.

그런데 여기서 잠시 생각을 기울일 부분이 있습니다. 과연 '완벽한 음색적 매칭'이란 어떤 경우일까요? 그리고 그 완벽한 음색적 매칭이 모두에게 최고의 음질로 평가받을 수 있을까요?

사실 음색적 매칭이 중요하게 부각되기 시작한 것은 하이엔드 앰프 회사들이 프리앰프의 톤 콘트롤을 생략하면서부터라고 생각합니다.

동일한 시스템이라 해도 주어진 청취 환경에 따라 다른 소리가 됩니다. 흡음이 잘되는 공간에서는 고음의 흡수가 많아져 메마른 음이 나오기 마련입니다. 이럴 때는 적절하게 고역이 강조된 스피커가 좋은 매칭입니다. 그러나 프리앰프의 트레블을 조금 올려도 같은 결과가 나옵니다.

좁은 공간에서는 저음이 반사되어 나타나는 저역 공진 현상이 쉽게 생깁니다. 이럴 때의 해결 방법은 크게 나누어 세 가지가 있습니다.

1. 넓은 청취 공간을 확보한다.
2. 낮은 저역이 제한되는 소형의 스피커로 바꾼다.
3. 톤 콘트롤의 베이스Bass를 조금 내린다.

어느 것을 선택한다 해도 저역의 공진 현상은 없앨 수 있습니다. 여러분은 어떤 방법을 선택하시겠습니까?

달리 생각해 보면, 음질의 조정이 가능한 프리앰프에서는 전혀 문제되지 않던 이러한 문제들은 톤 콘트롤을 생략하면서 부각된 것입니다.

아직도 많은 사람들이 하이엔드 회사에서 주장하는 이야기에 현혹되어 볼륨 하나 남겨 놓은 프리앰프를 고급 앰프로 알고 있습니다. 그러나 음색적 매칭에 대하여 충분히 이해하게 된다면 저음이 부족하거나 고음이 지나치다 하여 스피커나 앰프를 불필요하게 바꾸는 일은 사라지게 될 것입니다.

디지털 음원과 D/A Converter의 현재

요즘은 오디오 감상 음원으로 주로 디지털 소스를 사용합니다. 아무래도 편리하고 공유가 쉽다 보니 그런가 봅니다. 그리고 성능 좋은 DAC(D/A Converter)의 출현으로 고음질 음원에 대한 수요가 늘어나고 있는 것도 큰 요인 중 하나라고 생각합니다. 그런데 한편으로는 지나치다 싶을 정도로 높은 bit와 Sample rate 경쟁을 하고 있다는 생각도 듭니다.

요즘 디지털 음원 시장의 흐름을 보면, 디지털카메라가 처음 출시되었을 당시 화소 수 경쟁을 하던 것과 다르지 않다는 생각이 듭니다. 대부분의 소비자가 자세한 내용을 모른다고, 화소 수만 높으면 좋은 사진이 나올 것처럼 광고하던 때였죠. 디지털카메라는 이미지 센서의 크기도 중요할 텐데, 이런 부분은 전혀 언급 없이 오직 화소 수만을 강조하였습니다.

최근 디지털 음원 시장도 CD의 16bit 44.1kHz의 포맷을 넘어 끝이 없을 것 같은 스펙 경쟁을 하고 있습니다. 파일 형식의 음원 소스를 주로 사용하다 보니, 수치로 보여 줄 수 있는 bit와 Sample rate 경쟁을 하게 된 듯합니다.

이런 스펙 경쟁이 문제가 되는 것은, 음질의 향상에 기여하기보다는 DAC의 가격만 높아지게 만들기에 그렇습니다. 그래서 끊임없이 새로운 수요를 창출하기 위한 제조업체의 판매전략 중 하나로 보일 수 밖에 없습니다. 마치 이미지 센서의 크기는 가능한 한 줄여놓고, 화소 수만을 경쟁하던 지난날의 디지털카메라 업계와 다르지 않다고 말씀드린 이유입니다. 이런 경쟁은 시차가 있을 뿐, 승자를 가리기 어렵습니다.

24bit 96kHz의 음원을 구동하는 DAC 제품이 출시된 후, 24bit 192kHz를 구동하는 DAC가 출시되고, 얼마 지나지 않아 32bit 192kHz 파일을 구동하는 제품이 출시되었습니다.

상황이 이러하니 이제 막 DAC를 구입해야 한다면, 걱정이 앞섭니다. 구입을 하여도 곧 못 쓰게 되는 것은 아닌지….

그러나 적절한 선에서 만족해야 할 기준이 필요합니다.

많은 오디오 마니아들이 PC-fi를 합니다. 그런데 대부분의 음원 소스는 CD를 리핑한 16bit 44.1kHz 음원 파일입니다. 최신 DAC를 제조, 판매하는 곳에서는 32bit 192kHz를 말하지만, 실제로는 24bit 96kHz의 음원 파일조차도 활성화되었다고 말하기 어려운 게 현실입니다.

그런데, CD의 포맷인 16bit 44.1kHz 음원 파일을 다른 각도에서 살펴볼 필요가 있습니다.

CD의 포맷이 지금의 스펙으로 결정된 것은 신의 한 수이며, 음질과 편리성을 고려한 절묘한 선택이었습니다. 덕분에 현재의 CD 포맷으로도 충분히 고음질로 들을 수 있는 가능성이 있으며, 적절한 용량으로 관리와 취급이 용이합니다.

물론 CD가 처음 출시되었을 당시에는 깨끗한 음질이라든지 차가운 음질이라든지… 하는 다양한 의견들이 있었지만, 오디오 마니아의 마음을 사로잡을 만한 정도의 좋은 음질이 아니었던 것은 분명합니다.

그러나 그 당시는 디지털 신호를 아날로그 신호로 바꾸는 DAC 기술이 초기 단계였다는 것을 고려해야 합니다. DAC 기술이 비약적으로 발전한 지금은 CD의 16bit 44.1kHz 포맷으로도 '아날로그 음인가!' 할 정도로까지 발전하였습니다.

중요한 것은 DAC는 아날로그단의 음질이 어느 정도

인가에 의해 음이 결정된다는 것입니다.

DAC 칩을 제작하는 업체에서는 해마다 앞다투어 새로운 버전을 출시합니다. 그리고 디지털 기기 제조업체는 새로운 DAC 칩을 채용한 새로운 제원의 DAC를 출시합니다. 마치 스마트폰처럼 새로운 제원으로 새로운 제품을 끊임없이 만들어 내지만, 이것은 디지털 기기 제조업체의 비즈니스적 속성이라는 것을 고려할 필요가 있습니다.

하드웨어적인 부분을 본다면 PCM 32bit에 192kHz의 파일을 재생할 수 있고, DSD(Direct Stream Digital)*는 128까지 재생할 수 있다면 더 높은 제원이 필요 없다고 해도 과언이 아닙니다. 그보다는 어떻게 아날로그단을 구성하였는지가 중요하지만, 이는 소비자가 일일이 확인할 수 있는 내용이 아니기에 DAC를 고를 때는 반드시 음질을 확인하고 비교해 가며 선택해야 합니다.

같은 DAC 칩을 사용한 DAC 제품이어도 실제 음질은 조금씩 다릅니다. 같은 형번의 DAC 칩을 사용하였다면, 같은 음질이어야 하는데도 음질이 제작사마다, 모델마다 다른 이유는 아날로그단에서 음질이 결정되

---

* 소니와 필립스가 SACD에 사용하기 위해 만든 포맷.

는 요인이 많기 때문입니다. 최근에는 이런 사실에 주목하고 아날로그단에 더 많은 정성을 들이는 제품이 많아지고 있습니다.

1990년대 말에 출시된 SACD는 고음질을 표방하며 특별한 음원 포맷임을 강조하였습니다. 그런데 SACD를 제대로 재생하기 위해서는 전용 SACD 플레이어가 있어야 했고, SACD를 제작하려 해도 라이센스가 필요하였습니다. 그래서 수년 전 SACD에서 추출한 DSD 음원이 큰 이슈였던 적이 있습니다. 그러나 지금은 DSD 음원을 즐겨 듣는 사람을 찾기 힘듭니다.

SACD는 DAC 부분의 기술적인 내용을 공개하지 않고 독자 개발을 하였습니다. 그러나 CD는 DAC에 관련된 내용들이 집단지성의 힘으로 전 세계 기술진에 의해 발전되어 왔습니다. 그 결과, SACD는 나름대로 고음질을 인정받기도 하였지만 지금은 CD에 역전당하였다고 해도 과언이 아닐 정도가 되었습니다.

과거 CD가 출현하기 전에는 '어떤 포노앰프를 사용하고 있는가'가 전체적인 오디오 시스템을 평가하는 기준이 되기도 하였습니다. 포노앰프는 LP로부터 신호를 처음 받아들이는 곳으로, 증폭이 시작되는 첫 번째 관문이기도 하니 그럴 수밖에 없었습니다.

TV를 비롯하여 디지털 음원이 주 음원 소스가 된 지

금, 아날로그 음이 처음 시작되는 DAC가 오디오의 전체적인 수준을 평가하는 기준이 되고 있습니다. DAC는 디지털 신호가 음악 신호로 바뀌는 첫 번째 관문인 만큼, 가장 비중 있게 투자해야 할 부분입니다.

오디오의 감흥을
위한
추천 앨범들

나윤선 「Immersion」

우리나라를 대표하는 재즈 보컬리스트 나윤선의 10
집 앨범입니다. 기존의 재즈적 색채가 강했던 앨범들과
는 달리 록적인 느낌마저 드는 강렬한 인상을 주는 곡
들이 들어 있습니다. 총 13곡 중 6곡을 자작곡으로 만
들어서 싱어송라이터로서의 존재감을 보여준 이번 앨
범은 기존 앨범들이 라이브를 한 번에 녹음하듯 원 테

이크로 만들어진 것과는 다르게 스튜디오에서 오랫동안 다듬어서 만들어진 노래들이라고 합니다. 이 앨범은 어떤 분이 오디오 테스팅을 위해 가져와서 틀어 줘서 듣게 됐는데, 어느 순간 보컬과 음악과의 조화가 감탄이 나올 정도로 너무 좋아서 인상이 깊었습니다.

아네 조피 무터·다닐 트리포노프·막시밀리안 호르눙·
로만 팟콜로·이화윤
「슈베르트: 피아노 오중주 D.667 '송어'
& 피아노 트리오를 위한 '노투르노' D.897 외」

최고의 바이올리니스트인 안네 조피 무터와 젊은 연주자들이 뭉쳐서 슈베르트의 실내악을 연주한 앨범입니다. 유명한 피아노 오중주 D.667 '송어', 피아노 트리오를 위한 '노투르노' D.897, 바이올린과 피아노를 위한 가곡 편곡 '세레나데'와 '아베마리아'가 담긴 이 앨범은 오디오마니아들이 매우 좋아하는 앨범이기도 합니다. 곡들이 워낙 인기있는 레퍼토리라서 자주 연주된 곡들이긴 하지만 여기서의 해석은 흔치않다는 인상을 줍니다.

아르네 돔네러스·구스타프 스요크비스트
「Domnerus Antiphone Blues」

스웨덴의 색소포니스트 아르네 돔네러스와 지휘자이자 오르가니스트인 구스타프 스요크비스트가 1975년에 발표한 「Antiphone Blues」 앨범은 그 이후로 오디오파일들에게 회자되며 수십 년 동안 오디오 테스트용으로 식지 않는 명성을 누리고 있습니다. 스톡홀름에 위치한 교회에서 라이브로 녹음된 이 앨범은 색소폰과 오르간이라는 이질적인 두 악기의 조화를 통해 어둡고 음산하면서도 독특한 음감을 느끼게끔 만듭니다. 교회에서의 라이브 녹음이라는 조건이기에 잔향이 많은 음질을 갖고 있으며 따라서 홀 톤을 검증할 때 좋습니다. 특히 고음이 안 나오는 앰프는 이 음반을 들으면 티가 확 납니다. 그런 경우 잔향의 분위기를 못 살리기 때문이기도 합니다.

에자로 로자티·하이든 필하모니아 솔로이스츠
「로시니: 현을 위한 소나타&도니제티: 테마와 변주곡」
사실 제가 추천하는 음반들 중 여러 장은 우연한 기

회로 듣게 되는 경우가 많았습니다. 이 앨범 또한 우연한 기회에 듣게 되었는데, 직관적으로 좋다는 인상을 받았습니다. 상큼하다고나 할까요. 나중에 알고 보니 연주한 하이든 필하모니아 솔로이스츠가 이탈리아 출신들이라는 걸 알게 되었습니다. 이탈리아 출신들이 이탈리아 작곡가인 로시니와 도니제티의 곡을 연주했으니 더없이 이탈리아적인 느낌이 들 수밖에 없었겠죠. 언젠가 오디오 쇼에서 이 앨범만 튼 적도 있었습니다. 물론 사람들의 반응도 좋았습니다.

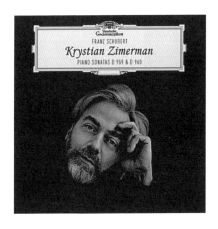

크리스티안 지메르만

「슈베르트: 피아노 소나타 20번 D.959

& 21번 D.960」

크리스티안 지메르만은 누구나 인정하는 현존하는 최고의 피아니스트입니다. 슈베르트의 유작인 피아노 소나타들을 녹음한 이 앨범은 그가 25년 만에 처음으로 녹음한 솔로 레코딩이며 슈베르트는 26년 만에 녹음한 것이라고 합니다. 그 오랜 세월만큼이나 제가 크리스티안 지메르만을 듣고 지낸 시간도 오래 전 일이었습니다. 젊어서는 많이 들었었는데, 오랜만에 앨범 커버를 보니 나이가 많이 들어 보이더군요. 지나간 시간이 느껴져서 감회가 새로웠습니다.

「투티!-오케스트라 샘플러」

2002년에 처음 선보인 이후 꾸준히 오디오 마니아들의 사랑을 받고 있는 유명한 앨범입니다. '오케스트라 샘플러'라는 부제답게 레퍼런스 레코딩에서 발매한 앨범들에서 관현악 곡들을 모은 컴필레이션 앨범이며, 그 사실만 놓고 보면 평범하다고 할 수 있을 것입니다. 그러나 그 레퍼런스 레코딩이 스펙트럴 오디오 등 다수의 오디오 메이커에서 활약한 키스 존슨 박사가 디렉터로 참여한 레이블이라는 점에서, 여기 수록된 음원들이 철저히 오디오 마니아들을 타겟으로 하여 오디오의 능력을 최대한 이끌어 내는 걸 목표로 디자인되었다는 것을 알 수 있습니다.

잡음의 종류와
대처법

오디오를 즐기다 보면 원인을 알 수 없는 잡음 때문에 곤란을 겪는 경우가 있습니다. 그런데 잡음의 종류도 다양할 뿐 아니라 잡음의 발생 원인도 다양하다 보니, 쉽게 해결하지 못하는 경우 역시 비일비재합니다. 특히 진공관 앰프는 입력 임피던스가 높아 작은 노이즈에도 큰 영향을 받을 수 있습니다. 그러나 어떤 결과든 반드시 원인은 있기 마련이고, 원인만 확실히 알 수 있다면 해결하는 방법은 그리 어렵지 않습니다.

우리나라의 전기 사정은 비교적 안정적이지만, 전기의 질이라는 측면에서 보면 매우 열악합니다. 또한 아파트나 밀집한 주택 사정으로 인해 각 가정에서 발생한 노이즈를 서로 주고받으며 살고 있습니다. 예를 들어 세탁기 모터에서 발생하는 유도성 노이즈는 첨두값[*]이 높아 유난히 귀에 잘 들립니다. 요즘에는 각 가정에

---

[*] 교류 전압에서 파형의 최대 높이의 값.

서 사용하는 디지털 기기들이 많아졌는데, 디지털 회로는 아날로그 회로 입장에서는 노이즈 공급원입니다. 특히 많은 영향을 주는 것이 공유기입니다. 이 기기는 공중으로 강력하게 노이즈를 방사합니다. 이때 발생하는 노이즈는 찌르르… 하는 높은 음으로 들립니다.

고급 아파트나 근래 신축한 주택에 있는 전등의 밝기를 조절할 수 있는 디머Dimmer는 위상을 제어하여 전등의 밝기를 조절하는데, 이때도 노이즈가 발생합니다. 위상을 제어할 때 발생하는 노이즈는 쫘… 하는 높은 음의 소리로 유난히 귀에 거슬립니다. 그리고 전등의 밝기를 줄이려 할수록 위상의 변이가 커져 더욱 큰 노이즈가 발생합니다. 교류의 전압을 일정하게 유지하는 AVR(Auto Voit Regulator)도 위상을 제어하여 전압을 일정하게 유지하게 되는데, 이 과정에서 위상 제어 특유의 노이즈가 발생합니다. 그리고 공칭 AC 전압이 높은 지역일수록 디머와 같은 작용으로 위상의 변위가 커져 더욱 큰 노이즈가 발생합니다. 같은 이유로 겨울에 흔히 사용하는 선풍기형 전열기와 전기장판도 노이즈의 원인입니다. 특히 전기장판의 경우, 상시 틀어놓는 경우가 많아 낮은 온도로 설정하기 마련인데 온도를 낮게 설정하려 할수록 위상 변이가 커져 노이즈가 크게 발생하는 상태가 됩니다.

이제 해결법을 알려드리겠습니다. 우선 파워앰프 또는 인티앰프만을 ON 한 상태에서 가정 내의 모든 전기 및 전자 기기를 OFF 합니다. 단 하나의 전자 기기도 켜져 있어서는 안 됩니다. 공유기, 컴퓨터, TV 및 냉장고, 에어컨 등등 전자 제품 일체입니다. AVR을 사용 중이라면 잠시 뽑아 두고, 직접 벽 콘센트에서 오는 전원을 사용하여 실험하셔야 합니다. 이 실험의 성공 여부는 가정 내 모든 전자 기기를 OFF 했는지에 달려 있습니다.

이 상태에서 앰프를 통한 스피커에서 노이즈가 발생하는지 확인합니다. 이때 노이즈가 발생한다면, 원인은 두 가지 중 하나로 압축됩니다. 해당 앰프가 원인이거나 옆집에서 벽을 넘어오는 공유기의 노이즈일 수 있습니다.

일단 앰프를 벽에서 조금 더 멀리 이격시켜 볼 필요가 있습니다. 앰프를 ON 한 상태에서 거리를 벌리며 노이즈의 감소 여부를 확인합니다. 이때 조금이라도 잡음이 줄어지면, 옆집 공유기로부터 오는 노이즈입니다. 공유기에서 발생하는 노이즈는 강력하여 시멘트 벽을 넘어 영향을 주기 때문입니다. 이런 사례는 벽을 공유하는 아파트에서 주로 발생합니다. 그러나 앰프를 대략 0.5m~1m 정도 이동해도 노이즈의 변화가 없다면 앰프 자체를 점검해야 합니다.

이런 과정을 거쳐 앰프에 이상이 없는 게 확인되면, 전자 기기를 하나씩 켜 어느 기기에서 노이즈가 발생하는지 확인하는 절차만 남았습니다. 비록 시간은 걸릴 수 있지만, 차근차근 확인하면 원인이 되는 해당 기기를 반드시 찾을 수 있습니다. 확인된 노이즈의 원인 기기는 가능한 한 앰프와 멀리 떨어뜨리면 됩니다.

공유기의 경우, 이동이 여의치 않다면 공유기 안테나를 움직여 노이즈가 최소가 되는 위치를 찾으십시오.

벽걸이 TV는 프리앰프를 랙의 하단에 배치하고 파워앰프를 랙 상단에 배치하는 것으로도 효과를 볼 수 있습니다. 사실 TV가 원인이 되어 노이즈가 발생한 사례는 지금까지 단 한 번 있었습니다.

교류의 전압을 일정하게 유지하는 AVR이 원인으로 밝혀지는 경우도 있습니다. 이때는 AVR 기능을 OFF 하고 앰프를 사용하시기를 권유합니다. 국내 전압 사정을 고려하면 AVR 기능을 OFF 하여도 문제될 것이 전혀 없습니다. 그러나 AVR 기능을 OFF 할 수 없는 기기도 있습니다. 이때는 가능한 한 프리앰프 및 소스 기기와 멀리 놓고 사용하는 것 외에는 달리 방법이 없습니다.

전기장판과 선풍기형 전열기에서 발생하는 유도성

노이즈는 온도 조절기에서 방사되므로 온도 조절기를 멀리 놓는 것이 좋습니다.

스위칭 전원을 사용하는 디지털 기기의 전원 어댑터도 요주의 기기입니다. 저에게 노이즈 문제로 문의하신 사례들 중에는 의외로 많은 문제의 원인이 공유기 및 공유기의 전원 어댑터인 SMPS 전원장치에 있었습니다.

이와 같은 방법으로 하나하나 확인해 보면 노이즈의 발생 원인을 찾을 수 있고 적절히 대처할 수 있게 될 것입니다.

05

서병익오디오
베스트 10선

01 푼타 뮤지카 SE2
–인터스테이지 드라이브 무귀환 디퍼런셜 파워앰프

1. 논 클립 실효 출력: 10W+10W
2. 최대 출력: 18W+18W
3. 이득: 20배
4. 주파수 특성: 2W 출력 시 기준
        고역 상한 주파수 특성: −3dB 47.15KHz
        저역 하한 주파수 특성: −3dB 5Hz
5. 사용 진공관:
2A3×4개, ECC99×2, ECC82/12AU7×1, 5U4GB×2
6. 크기(mm): W450×H210×D330(단자류 포함 350)

서병익오디오는 아마도 2A3 진공관으로 앰프를 만드는 회사들 중에서도 독보적으로 많은 모델을 갖고 있을 것입니다. 다른 회사들이 2A3로 제품을 잘 만들지 않는 이유는 이 진공관이 3.5W의 작은 출력을 내는데, 이 정도 출력으로 울리기 쉬운 스피커는 흔치 않으니 더욱 그럴 것입니다. 그래서 진공관 앰프를 오래 사용하였어도 2A3 진공관을 잘 모르는 사람이 많습니다.

웨스턴 일렉트릭사에서 싱글로 8W를 뽑을 수 있는 300B를 발표하였을 때, RCA에서 이에 대항하기 위해 출력 1W의 45 진공관 두 개를 하나의 유리관 속에 넣어 만든 것이 2A3의 시작입니다. 그래서 2A3가 처음 출시되었을 때는 두 개의 진공관이 하나의 유리관 속에 들어 있는 듯해 보였습니다. 이런 외형의 진공관을 더블 플레이트라 합니다. 이는 나중에 하나의 플레이트로 된 모노 플레이트로 변화하였습니다. 원가 절감이라고 볼 수 있지만, 제조사 입장에서는 당연한 수순이라 생각합니다.

그러나 이런 내용이 잘못 알려져 순서를 반대로 알고 있는 사람들이 참 많습니다. 예를 들어 구관 중고 시장에서는 요즘도 모노 플레이트가 초기관이라며 더 비싸게 팔리고 있습니다. 그리고 더블 플레이트 2A3는 플레이트가 두 개라 음상이 맞지 않는다고 하는 이도 있더군요. 만약 2A3 초기관의 플레이트가 두 개라 음상이 맞지 않는다는 주장이 사실이라면, 트랜지스터 20

개 정도를 병렬로 붙여 만든 반도체 앰프의 음상은 어떻게 되는 걸까요?

300B에 대항하기 위해 출시한 2A3는 작은 출력이었지만, 당시 스피커들의 음압 감도가 100dB 정도로 매우 높던 시절인 것을 고려한다면 3.5W라는 출력은 결코 작지 않았던 것으로 보입니다. 그러나 지금 시점에서 출력 8W의 싱글앰프는 중간 정도의 음압 감도를 가진 스피커라면 무리 없이 사용이 가능합니다만, 3.5W 출력의 2A3는 어렵습니다. 이런 이유로 2A3 싱글앰프는 흔치 않습니다. 이런 현실을 충분히 고려하여 매력적인 2A3의 음색을 제대로 뽑아내기 위해 제작한 2A3 파워앰프가 푼타뮤지카입니다.

2A3 싱글앰프를 구성할 때 출력이 3.5W라 작으니 푸시풀로 구성한다고 하면 15W로 출력이 증가합니다. 그러나 그렇게 하면 싱글앰프 특유의 음색이 사라집니다. 이 문제를 해결하기 위해 음질과 출력 모두를 고려하여 설계한 회로가 디퍼런셜 방식이며, 이는 싱글앰프의 장점과 푸시풀앰프의 장점을 함께 취하려 고안되었습니다. 푼타 뮤지카는 이 디퍼런셜 방식이 적용되어 있습니다.

싱글앰프는 하나의 출력관으로 사인파를 증폭합니다. 이런 특성으로 인해 반드시 A급으로만 동작합니다. 반면, 푸시풀앰프는 상측의 출력관이 플러스 파형을 증폭하면, 하측의 출력관은 마이너스 파형을 증폭하여 하나의 완성된 사인파를 출력하게 됩니다. 이렇게 두 개의 출력관으로 증폭하게 되면 두 배의 출력 전압을 얻습니다. 전력=전압×전류이므로 출력은 싱글앰프의 4배로 높아집니다. 이렇듯 푸시풀앰프는 높은 출력을 뽑아낼 수 있으나, 음질적 섬세함에서는 싱글앰프에 비해 상대적으로 부족할 수 있습니다. 그래서 평생을 싱글앰프만 사용하였다는 분도 있을 정도입니다.

디퍼런셜 방식은 출력관이 교차 동작을 한다는 것이며 근본적으로는 푸시풀 동작과 같습니다. 다른 부분이 있다면 캐소드*가 하나의 정전류원源으로 묶여 있다는 것입니다. 이런 구조로 인해 상측의 진공관이 플러스 파형을 그릴 때는 하측 진공관은 반드시 마이너스 파형을 그리게 됩니다. 푸시풀 방식의 앰프도 비슷한 동작을 하지만, 상측의 진공관이 플러스 파형을 그린다고 하측 진공관이 반드시 마이너스 파형을 그리는 것은 아닙니다. 또한 푸시풀앰프는 A급 구동이라고 해도 출력 진공관 하나가 없이도 작동합니다. 그러나 디퍼런셜 방식은 하측의 진공관이 없으면 전혀 작동하지 못합니다. 그렇게 되는 이유는 상측 출력관의 전류가 늘어날 때 반드시 하측 출력관의 전류가 그만큼 줄어야 하며 그렇지 못할 경우 상측 출력관은 증폭기로서 작용을 하지 못하게 되기에 그렇습니다.

* 2A3는 직열관이므로 히터가 같은 작용을 한다.

이런 현상은 디퍼런셜 방식이 항상 완벽한 A급 구동을 한다는 점을 알려 줍니다. 푸시풀앰프도 설계자에 따라 A급 또는 B급으로 설계할 수 있으나 디퍼런셜 동작 구조와는 전혀 다릅니다.

디퍼런셜 방식을 정리하면, 두 개의 출력관으로 푸시풀 동작을 하지만 하나의 출력관처럼 완벽하게 맞물려 동작한다는 것입니다. 그래서 출력관이 교차 동작을 하며 출력 트랜스가 자화되지 않는 장점이 있습니다.

그런데, 디퍼런셜 앰프도 단점이 있습니다. 항상 완벽한 A급 구동을 하기 때문에 물량 투자를 충분히 해야하고 투자된 정도에 비해 수치로 표시할 수 있는 출력은 현저히 작다는 것입니다.

디퍼런셜 앰프의 출력은 통상 싱글앰프의 두 배, 푸시풀앰프의 1/2 정도입니다. 이렇듯 물량 투자는 많이 하였는데, 수치로 보여 줄 수 있는 출력이 작다면 판매에는 불리할 것입니다. 대부분의 오디오 메이커에서는 출력이 증가하는 것에 비례하여 가격에 차등을 두기에 그렇습니다. 그러나 디퍼런셜 방식은 출력이 감소된 것이 느껴지지 않을 정도로 구동력이 좋으며 탄력 있는 저음이 대단히 매력적입니다.

푼타뮤지카 SE2는 부품의 리드가 러그 단자에 직접 납땜되는 하드와이어링 방식으로 배선되었습니다. 고전압으로 동작하는 진공관 앰프에서는 반드시 하드와이어링으로 배선해야 합니다. 그러나 효율을 중시할 수밖에 없는 양산형 앰프를 제작하는 곳에서는 어쩔 수 없을 것입니다. 하드와이어링으로 잘 만든 진공관 앰프의 음질을 들어 보면 PCB 기판으로 만든 앰프와의 차이를 알게 됩니다.

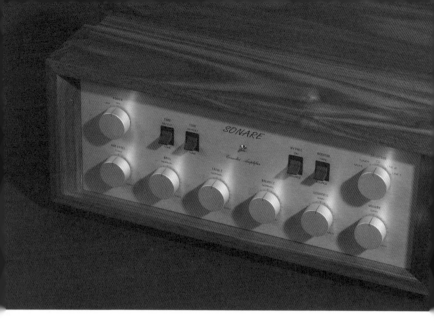

02 쏘나레 콘솔릿 SE
-다기능을 무귀환으로 구성한 고음질 프리앰프

1. 이득: 10배
2. 주파수 특성: 출력 전압 5V 기준
   고역 상한 주파수 -3dB 63.3kHz
   저역 하한 주파수 -3dB 7Hz
3. 라우드니스 컨트롤 특성:
   50Hz +19dB
   30Hz +23dB
   10KHz +6dB
   15kHz +8dB
4. 톤 컨트롤 특성:
   TREBLE 10kHz: MAX +18dB MIN -17dB
   BASS 50Hz: MAX +15dB MIN -15dB
5. 논 클리핑 출력 전압: 33V
6. 사용 진공관:
소신호 증폭관 ECC83S/12AX7×6, 정류관 EZ81/6CA4×1
7. 크기(mm): W440×H138×D350

과거에 주문 제작 일을 청산하고 의정부로 가서 1년을 머물렀던 시절이 있었습니다. 그때 쏘나레 프리앰프를 두 대 만들어 공개 시청회를 열었습니다. 그러나 첫 시청회에서 한 대도 판매하지 못하는 상황이 벌어졌습니다. 낙담해야 할 일이었지만, 그때 시청회에 참석했던 한 분이 '프리앰프의 완성도가 높다'고 말해준 덕에 힘이 났습니다. 그리고 수개월 후, 그 분이 직접 주문을 하러 저를 찾아왔습니다. 시청회에서 들었던 소리가 마음에 들어서 사기 위해서 그동안 돈을 모았다는 설명이었습니다. 쏘나레가 세상에 데뷔하여 십수 년 동안 꾸준하게 판매하게 된 시작이었습니다. 이후로도 쏘나레 콘솔릿 SE는 끊임없는 회로 개선을 진행하여 비교 대상이 없을 정도의 다기능 고음질로 다듬어졌습니다.

증폭 회로에 대해 모르시는 분이라면 당연한 일일수도 있지만, 회로를 다단으로 구성하여 증폭을 여러 번 하면 음질이 열화한다고 생각하는 사람이 참 많습니다. 회로 설계를 잘못하여 파형이 찌그러지는 증폭기라면 그럴 수도 있겠지만, 정확히 설계된 증폭 회로에서는 여러 번 증폭한다고 음질이 나빠지거나 한 번 증폭한다고 음질이 좋아지지는 않습니다.

그럼에도 불구하고 증폭을 여러 번 하면 음질이 열화된다고 생각하는 이유 중 하나는 아마 과거 80년대에 모든 기능을 생략하고 간단하게 만들었더니 음질이 좋아졌다는 오디오 광고의 영향이 아닐까, 생각해 봅니다. 또 하나는 증폭을 뻥튀기의 원리로 생각하여 한번 튀길 때마다 커지면서도 찌그러지는 모양을 연상하면 그럴 수도 있겠다고 생각합니다. 나중에 기회가 된다면 진공관이나 반도체의 증폭 과정을 소상히 알려 드릴 수 있었으면 좋겠습니다.

LP를 들을 때 필요한 포노앰프, 제가 만든 로샤 MK2를 예로 들면 이득이 180배입니다만, 이것은 1kHz일 때의 기준으로 20Hz일 때는 1,800배가 됩니다. 진공관 1단 증폭으로는 이렇게 높은 증폭도를 실현할 수 없으므로 2단으로 구성하여 회로를 구성합니다. 이것은 하나의 회로 구성 사례로 소개한 것일 뿐, 모든 회로 구성은 이렇게 다단의 증폭과 감쇠를 거치며 제작자가 원하는 특성으로 완성되기 마련입니다.

만약, 여러 번 증폭하면 음질이 나빠진다는 주장이 사실이라면 3단 증폭과 2단의 버퍼단으로 구성된 쏘나레 콘솔릿의 음질은 가장 열악한 음질이어야 할 것입니다. 그러나 쏘나레는 한없이 부드럽고 나긋나긋한 음색과 공간을 가득 채우는 유려한 배음으로 일상의 피곤함으로 지친 심신을 편안히 이완합니다. 그리고 음량 조절 노브를 최대로 올려도 노이즈의 증가가 전혀 느껴지지 않을 정도의 정숙함과 전단 무귀환 구성으로 진공관 고유의 고조파가 줄지 않아 공간을 가득 채우는 풍성한 배음이 돋보입니다.

　사실 요즘 수입되는 진공관 앰프의 음질은 점점 반도체 앰프의 음질에 근접해지고 있습니다. 원가 절감을 하면서도 좋은 수치로 비교할 수 있는 전기적 특성을 얻기 위해 부귀환을 크게 늘려 그렇습니다. 충분한 물량 투자 없이 제작되는 진공관 앰프는 무귀환 방식으로 제작하기 어렵습니다. 이것이 근래 수입되는 진공관 앰프에서 배음을 느끼기 어려운 이론적 이유입니다.

　쏘나레 콘솔릿 SE는 좌우 음량의 크기를 조절하는 밸런스, 저음량 시에 저음이 작게 들리는 것을 보정하는 본격적인 라우드니스 컨트롤, 톤 컨트롤 기능 등 오디오를 즐기며 있으면 좋겠다고 느낄 만한 모든 기능을 실장하였습니다. 그리고 여러 기능을 실장하고도 볼륨을 최대로 올려도 어떠한 잡음도 들리지 않을 정도의 수준으로 높은 S/N비를 완성하였습니다. 높은 음압 감도의 스피커를 가진 분도 잡음 걱정 없이 안심하고 사용하실 수 있을 것입니다.

03 아마레 플래티늄
- KT120을 병렬 접속한 싱글 파워앰프

1. 출력:
   울트라 리니어 모드 44W+44W
   트라이오드 모드 33W+33W
2. 이득:
   울트라 리니어 모드 27배
   트라이오드 모드 20배
3. 주파수 특성: -3dB 3W 기준
   고역 상한 주파수 49.5KHz
   저역 하한 주파수 5Hz
4. 사용 진공관: KT120×4, 6SN7×4
5. 입력 임피던스: 100K
6. 출력 임피던스: 4옴, 8옴
7. 크기: W430×D340×H215

제가 만든 인티앰프 중에 크리스틴이라는 모델이 있습니다. 마니아들의 호평을 받으며 꾸준히 판매되고 있는 스테디셀러입니다. 이 크리스틴은 싱글앰프입니다.

오디오를 시작하여 다양한 앰프를 경험하다 보면 싱글앰프의 음색적 매력을 알게 됩니다. 싱글앰프는 반도체 앰프에서는 존재하지 않는 방식으로 진공관 고유의 배음이 더욱 풍성하게 느껴지고 섬세한 음색이 돋보입니다. 그런데 싱글앰프는 효율이 낮아 출력을 높이는 데는 불리한 구조여서 대출력을 뽑기 어렵습니다. 그런데 크리스틴 구매자들 중 한 분이 크리스틴의 음질은 마음에 드는데 출력을 높였으면 좋겠다는 말씀을 주시더군요. 아마레 플래티늄 파워앰프는 그래서 탄생하게 되었습니다.

아마레 플래티늄 파워앰프는 KT120을 사용하여 논클립 출력 44W+44W를 뽑아내기 위해 KT120을 병렬로 연결하는 회로 구성으로 하였습니다. 이렇게 회로를 구성할 경우 KT120 한 개로 구성하는 싱글앰프에 비해 두 배 더 높은 출력을 뽑아낼 수 있습니다. 따라서 여유 있는 출력으로 저음압의 현대 스피커와 매칭하여도 완벽하게 드라이브합니다.

오디오를 오랫동안 한 사람이라도 출력관에서 모든 음색이 결정된다고 생각하거나, 그렇게 주장하는 분도 참 많습니다. 그러나 그런 주장이 사실이라면 같은 출력관을 사용한 앰프는 모두 같은 음색의 앰프여야 할 것입니다. 다양한 회로 방식의 앰프를 들어 본 분이라면 전혀 그렇지 않다는 것을 이미 알고 있을 것입니다.

그렇다면 무슨 이유로 같은 출력관을 사용한 앰프인데도 음질이 달라지는 것일까요? 그것은 초단과 드라이브단에서 형성되는 전기적 특성이 음질에 영향을 주어 그렇습니다.

같은 300B 싱글앰프라도 5극관 한 개로 증폭하는 경우와 쌍3극관으로 초단 증폭과 드라이브하는 경우는 각각 음색이 상당히 많이 달라집니다. 그리고 쌍3극관으로 초단과 드라이브 회로를 구성한다고 해도 어떤 회로로 구성하느냐에 따라 음질이 달라진다는 점은 오디오의 특별한 재미입니다. 이런 회로의 다양성으로 인해 같은 출력 진공관을 사용한 앰프라도 각각의 음질적 매력을 즐길 수 있는 것입니다.

아마레는 진보된 회로 기술로 더욱 생동감 있는 음질로 강력한 스피커 드라이브 능력을 구현합니다. 싱글앰프 특유의 나긋나긋한 음색과 공간을 가득 채우는 유려한 배음으로 피곤함에 지친 심신을 편안히 이완합니다. 또한 경년 변화가 적은 고급 부품을 사용하였고 잔고장이 없는 하드와이어링 배선으로 초기 음질을 오랫동안 유지하여 대를 물려 사용할 수 있습니다. 그러나 오디오 기기가 튼튼하다고 하여 오래 사용할 수 있는 것은 아닐 것입니다. 음질이 마음에 들지 않는다면, 단 하루도 사용하기 어려운 것이 마니아의 마음이기 때문입니다. 대를 물려 사용하는 앰프는 고음질 앰프여야 한다는 것이 전제되어야 하기에 그렇습니다.

아마레 플래티늄은 전면에 출력 미터를 마련하였습니다. 지침 최대치는 45W로 되어 있으며 미터의 감도를 조절하는 스위치는 두 개의 미터 중간에 있습니다. 노멀과 1/10로 표기되어 있으며 작은 음량으로 들을 때 미터 지침의 감도를 10배 더 예민하게 할 수 있습니다. 출력이 작을 때는 미터의 지침의 움직임이 미세하지만 미터의 감도를 높이면 지침의 움직임이 활발해져 보기도 좋습니다. 음악에 따라 흔들리는 미터의 지침을 보고 있노라면 앰프와 교감을 하는 듯 정답게 느껴집니다.

04 메디움 MK2
–반도체 DAC에서는 불가능한 유려한 배음

●디지털부 제원

버브라운사의 PCM 1795
1. 32–Bit Resolution
2. Accepts 16–, 24–, and 32–Bit Audio Data
3. Digital Audio input
– USB 2.0 (USB Audio Class 2.0, Support DSD 128, PCM 32bit/192kHz Max.)
– Optic: Optical Cable required(2 EA) 192kHz까지 지원함,
– Coax: 75 Ohm Cable required
– AES/EBU : 110 Ohm Cable required
4. Analog Performance
– Dynamic Range: 123dB
– THD+N: 0.0005%
5. Sampling Frequency: 10kHz to 200kHz
6. PCM Data Formats: Standard, I2S, and Left–Justified
7. DSD Format Interface Available
8. Frequency Response: 20Hz ~ 20kHz
Sine Wave Based @0dB
20Hz: 0dB
20kHz: 0dB

●아날로그부 제원

1. 주파수 특성:
　　　　하한 주파수 -3dB 4Hz
　　　　상한 주파수 -3dB 52.75kHz
2. 출력 전압:
　　　　0dB 2,593mV
　　　　-5dB 1,469mV
　　　　-10dB 825mV
3. 논클립 출력 전압 : 44V
4. 사용 진공관:
전압 증폭관 역할 ECC82×2, 전압 안정화관 역할 ECC82×1
5. 크기(mm): W390×D370(단자류 포함)×H93

　진공관 DAC 메디움 MK2는 최상위 DAC 모델인 플레누스 MK4의 대체로서 가격을 낮추기 위해 제작된 모델입니다. 같은 DAC 칩을 사용해도 제조사마다 또는 모델마다 음질이 달라지는 이유는 아날로그단 회로에 의해 음질이 결정되기 때문입니다. 따라서 DAC 칩 제조 기술이 정점에 이른 근래, 아날로그단을 진공관으로 구성하는 등 아날로그 회로를 특화하는 사례가 늘고 있습니다. 메디움 MK2 또한 아날로그단에 집중하여 디지털 음질을 좀 더 유연한 아날로그 음질이 되도록 회로를 구성하였습니다.

　DAC 칩에서 출력되는 아날로그 신호에는 양자화 노이즈도 함께 중첩되어 있습니다. DAC 회로에서는 '이런 양자화 노이즈를 얼마나 효과적으로 제거하느냐'도 매우 중요한 내용 중 하나입니다.

통상의 DAC 제품은 양자화 노이즈를 제거하기 위해 OP AMP를 사용하여 -24dB cut 필터 회로를 적용하고, OP AMP로 약 5배 증폭하여 아날로그 신호를 출력합니다. 더구나 OP AMP는 양산형 제품 입장에서는 도저히 선택하지 않을 수 없을 정도로 간단하게 회로를 구성할 수 있으며, 가격은 매우 저렴하고, 수치로 보여줄 수 있는 전기적 특성은 대단히 화려해 보입니다. 제조사 입장에서 간단하고, 저렴하고, 전기적 특성까지 좋아 보이는 소자를 어떻게 외면할 수 있겠습니까…. 그러나 OP AMP는 오디오 회로로 사용해서는 안 되는 치명적인 약점을 가지고 있습니다.

모든 사물에는 용도가 있듯이 진공관도 그 종류가 다양합니다. 소신호용 전압 증폭관을 비롯하여 드라이브용으로 개발된 진공관 및 전원 회로에 사용하기 위해 개발한 전원 제어용 진공관 등등…. 이렇게 진공관 제조사에서는 다양한 특성을 갖는 진공관을 발표하면서 그 용도를 데이터 시트에 명시해 놓았습니다. 회로 설계자는 이런 특성을 잘 살피어 추구하는 목적에 맞게 선택하여 설계함으로써 원하는 특성이 나오도록 합니다.

그런데 OP AMP는 연산용 증폭기로 사용하기 위해 개발된 반도체 집적 소자입니다. 지금은 오디오 회로에도 사용하고 오디오용이라고 특정한 OP AMP도 출시되고는 있지만, 원래 오디오 회로에 사용하는 것이 고려된 소자가 전혀 아닙니다. 특히 오디오용 OP AMP라는 것도 저잡음에 조금 더 신경 썼다는 것이지 통상의 OP AMP와 다를 것이 없습니다.

그렇다면 어떤 이유로 OP AMP를 오디오 회로에 사용하면 음질이 열화되는지 그 이유를 알아 보겠습니다.

당연히 그렇겠지만, 오디오 기기의 주파수 특성은 평탄해야 합니다. 가청 주파수는 물론이고 그보다 훨씬 광대역까지 평탄할 것이 요구됩니다. 그런데 OP AMP의 주파수 특성은 1Hz부터 하강하기 시작합니다.

지금의 OP AMP 중에는 이득이 100dB인 제품도 있습니다. 통상의 회로에서 오디오용으로 OP AMP를 사용할 경우 약 5배에서 10배 정도의 이득을 취합니다. 그런데 나裸이득*이 100dB이라면 약 80dB이 부귀환으로 작용하고 있는 것입니다.

이런 상태를 달리 표현하면 어떤 증폭기에서 100,000배(100dB)의 이득을 취한 후, 이득으로 10배(20dB)를 사용하고 부귀환으로 10,000배(80dB)를 사용한 것이며, 80dB의 부귀환으로 이득을 눌러 10배의 이득으로 만들었다는 것입니다.

이렇게 다량의 부귀환을 적용하면 혼변조 왜율이 0.001% 이하로 낮아지는데, 이것이 양산형 앰프 제조

---

* 부귀환을 적용하지 않은 상태의 이득, 오픈 이득이라고도 한다.

사에서 OP AMP를 오디오용으로 사용하는 이유 중 하나입니다.

전문적인 얘기를 했지만, 내용을 잘 모르는 분이라도 왜율(찌그러짐)이 0.001%밖에 되지 않는다고 소개하면 대부분 좋은 것이라고 생각할 것입니다. 그러나 이렇게 보기 좋은 수치는 다량의 부귀환에 의해 개선된 수치입니다. 그런데 앞에서 OP AMP의 주파수 특성은 1Hz부터 하강하기 시작한다고 하였습니다. 따라서 OP AMP는 주파수가 높아질수록 이득이 저하하고 그에 따라 부귀환도 줄어들어 왜율은 점점 나빠집니다. 하지만 주파수별로 왜율을 표시하는 제조사는 본 적이 없습니다. 왜율이 가장 좋은 수치로 표기되는 1kHz만 표기하는 경우가 대부분입니다.

사실은 1Hz에서는 부귀환이 가장 많이 적용되어 왜율이 가장 적지만, 잡음의 영향으로 왜율은 더 높게 표시됩니다. 그리고 1kHz 이상에서는 부귀환이 점점 줄고 그에 비례하여 왜율은 점점 증가합니다. 이런 이유로 100Hz 이하 또는 1kHz 이상의 주파수 대역의 왜율을 공개하지 못하는 것입니다.

그리고 OP AMP가 음질에 더욱 치명적인 것은 다량의 부귀환으로 인해 과도 특성이 현저하게 낮아지기 때문입니다. 과도 특성은 동動특성으로 분류하는데 그 이유는 빠르게 변화하는 음악 신호를 얼마나 빠르게 추종하는지에 대한 특성이기 때문입니다. 오디오 회로에서 과도 특성을 개선하는 회로는 존재하지 않습니다. 다만, 얼마나 열화하였는지가 관건입니다.

과도 특성을 악화시키는 것은 다량의 부귀환이며 우수한 과도 특성을 얻기 위해서는 무귀환으로 만드는 방법 외에는 없습니다.

과도 특성이 좋은 오디오 기기의 음질은 통통 튄다는 느낌을 받습니다. 음악에서 생동감이 느껴진다는 것도 무귀환 앰프의 음질적 특징입니다. 이것이 선형 특성이 좋은 출력관 300B나 2A3 앰프에서 부귀환을 전혀 사용하지 않고 제작한 무귀환 앰프의 소리가 더 좋게 들리는 이유입니다.

OP AMP를 오디오 기기에 사용하면 안 되는 이유를 말씀드리다 보니 이득과 왜율에 대한 내용이 너무 길어졌습니다.

디지털 보드에서 출력되는 아날로그 신호에는 양자화 노이즈도 중첩되어 있으며 전류로 출력되고 있습니다. 메디움 MK2는 룬달 트랜스로 I/V 변환하여 증폭할 수 있는 전압으로 바꾸면서 양자화 노이즈를 완벽하게 제거하고 있습니다.

메디움 MK2의 전원 스위치 부근을 보면 조그만 릴레이 보드가 세이덴 셀렉터와 연동하여 전원을 ON/OFF합니다. 경쾌한 촉감과 더불어 높은 신뢰성을 보장합니다.

최근에는 파일 형식으로 음악을 듣는 것이 보편화되어 어느 정도의 DAC를 사용하느냐에 따라 최종적인 음질의 퀄리티가 정해지다 보니 DAC에 대한 관심이 높습니다. 메디움 MK2의 음질은 디지털 음원에 대한 생각이 바뀔 정도로 매력적이라고 자부합니다.

05 TCR SE 2
— 트랜스 드라이브 방식의 CR형 RIAA 포노앰프

1. 증폭도: 1kHz 기준 170배
2. 논 클립 출력 전압: 53V
3. 입력 임피던스: 47k
4. 입력: 언밸런스 3 계통(옵션 선택 시 승압 트랜스 내장됨)
5. 출력 형식: 밸런스 1 계통, 언밸런스 1 계통,
6. 사용 진공관:
전압 증폭관 12AY7×2, 출력관 ECC 99×2, 정류관 6CA4×1
7. 크기(mm): W440×D350×H138

포노앰프 TCR을 처음 출시한 것이 2009년 2월이니 벌써 13년이 지났습니다. 하나의 모델이 10년 이상 꾸준히 제작되고 있다면 분명히 그 이유가 있을 것입니다. TCR은 독특한 회로 구성과 함께 CR형 방식을 사용한 포노앰프로 국내 마니아로부터 음질을 인정받고 있습니다. 종단의 독특한 출력 회로 덕분에 논 클리핑 출력 53V를 실현하였고 이로 인해 모든 악기가 포효하는 총주에서도 음상이 무너지는 일이 없습니다.

원래 TCR 종단의 출력 회로는 오디오 마니아인 모 대학교 교수님이 DAC 제작을 부탁한 일로 거슬러 올라갑니다. 그때 그분의 의뢰를 위해 아예 새롭게 회로를 제작하여 DAC를 만들게 되었습니다. 그런데 그분께서 완성된 DAC의 소리에 감동을 받았고, 그 반응에 힘입어 해당 회로를 플레누스, 칸타레, TCR에도 적용하게 된 것입니다.

사람들은 취향에 따라 반도체 앰프를 쓰기도 하고 진공관 앰프를 쓰기도 합니다. 하지만 음질을 위해서라면 포노앰프만큼은 반드시 진공관 포노앰프를 사용하는 것이 좋습니다. 그 이유는 진공관 포노앰프들이 대부분 논 클리핑 출력 전압이 높아 그렇습니다. 이에 대한 자세한 내용은 108쪽을 참고해 주세요.

진공관 포노앰프라도 부귀환을 많이 적용하면 S/N비가 좋아지지만, TCR의 높은 S/N비는 부귀환을 전혀 사용하지 않고 이룩한 결과입니다. 이를 위해 B+ 전원부는 매우 엄중하게 설계하였는데 MOS FET로 제어되는 리플 필터를 채용하여 배터리에 버금가는 순도 높은 전원 전압을 공급하고 있으며, 소신호용 증폭관 12AY7과 출력관 ECC99의 히터 전압도 리니어 정전압 전원으로 공급하여 S/N비를 높이고 있습니다.

무귀환으로 회로를 구성하면 진공관 고유의 고조파가 줄어지지 않아 배음이 풍성하고 지극히 진공관다운 음색으로 됩니다. 그러나 부귀환이 하던 모든 개선 내용들을 회로와 실장 기술을 통해 극복해야 합니다. 수입되는 양산형 진공관 앰프에서 무귀환 방식의 앰프를 찾기 어려운 이유입니다. 그러한 문제를 극복한 TCR의 음질은 유연하며 진공관의 배음이 물씬 풍기는 음색입니다. 또한 CR형 특유의 높은 해상도를 가지지만 음이 날카로워지는 일이 없습니다. 그래서 고음으로 한없이 올라가도 쏘는 음이 되지 않습니다.

06 오르페오 MK2
-엄중한 노이즈 대책이 적용된 진공관식 헤드앰프

2. 주파수 특성: 출력 5V 기준 -3dB 특성
　　　　저음 특성 4Hz
　　　　고음 특성 78.43kHz
3. 논클립 출력 전압: 32V
4. 카트리지 로드 임피던스:
33Ω, 47Ω, 100Ω, 250, 500Ω, 1kΩ 6단계 설정 가능
5. 이득(게인): 0배에서 50배까지 5단계 설정 가능
6. 크로스 토크: 75dB
7. 럼블 필터: 26Hz에서 -6dB로 cut
7. 사용 진공관:
전압 증폭관 ECC82/12AU7×4, 정류관 6CA4/EZ1×1
8. 크기(mm): W440×D350×H138

헤드앰프는 사실 오래 전부터 몇 번 의뢰를 받은 모델이긴 합니다만 그간 제작하지 않았습니다. 수요가 없기 때문이었습니다. 그러나 언젠가는 만들 거라고 약속을 했는데, 마침 두 분이 동시에 같은 문의를 해온 일이 있었고, 그 일을 계기로 드디어 제작하게 되었습니다.

헤드앰프는 흔히 승압 트랜스 대신 사용하는 앰프입니다. LP를 듣는 분 중 많은 분이 MC 카트리지를 사용하고 계시지만, 대부분 승압 트랜스를 사용합니다. 취급이 쉽고 승압 트랜스에 따른 음색의 변화를 즐긴다는 차원에서 그럴 수 있습니다. 그런데 승압 트랜스마다 음색의 차이가 나는 근본적인 이유를 알고 있는 분은 그리 많지 않다는 생각이 듭니다. 이는 전자공학에서 취급하는 내용인데, 그 이유를 알아보겠습니다.

코일은 에나멜선을 네모 또는 원형으로 둘둘 감아 놓은 부품 또는 형상을 말합니다. 모든 코일은 정도의 차이가 있지만, 모두 분포 용량을 갖고 있습니다. 이 분포 용량과 본래 코일이 가진 L 성분이 결합하면 병렬 공진 회로를 형성합니다. 1차와 2차가 분리되어 있는 트랜스도 이와 같은 분포 용량에 대한 내용은 그대로 적용됩니다.

병렬 공진 회로는 코일과 코일 내부에 형성된 용량 성분 즉, 분포 용량 C와 코일의 L 성분이 병렬로 결합하여 형성된 공진 회로를 말하며 공진된 주파수에 대하여 최대의 저항을 갖습니다. 병렬 공진 회로에 저항을 삽입하면 공진 회로의 첨두값을 낮출 수 있는데 이런 용도로 사용하는 저항을 댐핑 저항이라 합니다.

모든 카트리지는 위에서 말씀드린 병렬 공진 회로에 의한 특정 주파수대에서 부스트 현상이 있습니다. 여기에 매칭하여 사용하는 승압 트랜스 역시, 분포 용량에 의하여 부스트 되는 주파수대가 존재합니다. 즉, '병렬 공진 회로에 의해 상승하는 주파수대가 어느 지점에 존재하느냐'에 따라 음색이 변화하는 것입니다. 그 대역은 대부분 3kHz~수십 kHz대에 걸쳐있습니다. 이런 현상은 코일이 적게 감기는 카트리지에서의 영향은 적은 편에 속하지만, 2차 측의 권선이 많이 감기는 승압 트랜스에서는 크게 나타나며 그에 따른 음색의 변화로 나타납니다.

MC 또는 MM 카트리지의 제원을 보면 최적 로드 저항을 제시해 놓은 것을 볼 수 있습니다. 이 로드 저항은 앞서 말씀드린 카트리지 내부에 있는 코일과 코일의 분포 용량으로 인해 형성된 병렬 공진 회로에 의해 부스트 된 주파수 대역의 Q인자quality factor 값*을 낮추어 가능한 한 평탄하게 하는 용도의 저항입니다. 정식 명칭은 댐핑 저항이지만, 흔히 부하 저항이라는 의미의 로드 저항이라 부릅니다. 대부분의 MM 카트리지는 거의 표준화된 50㎄를 사용하지만, MC 카트리지는 MM

* 공진 회로에서 공진의 예리함을 나타내는 값. (편)

카트리지에 비해 코일을 감는 회수가 적으므로 낮으면 33Ω, 높으면 수백 Ω 정도를 사용합니다. 메이커에서 제시하는 로드 저항이 낮을수록 권수가 작은 카트리지이고 그에 따라 출력 전압도 낮습니다.

MC 카트리지에서 코일을 조금 감아서 낮은 출력 전압이 나오는 카트리지를 만드는 이유는 고음 특성을 개선하기 위해서입니다. 코일을 적게 감으면 카트리지 자체의 무게도 줄일 수 있을 뿐만 아니라 높은 쪽의 주파수 특성도 향상시킬 수 있습니다. 그러나 이어서 설명하겠지만 이것이야말로 고급으로 인식되는 낮은 출력의 MC 카트리지가 좋은 음질을 만들 것이라 기대해도 뜻하는 대로 될 수 없는 이론적 근거입니다.

우선 카트리지에 맞는 승압비를 선정하는 기준을 말씀드리겠습니다.

MC 카트리지가 만들어지기 이전에는 크리스탈 카트리지와 MM 카트리지가 사용되었습니다. 크리스탈 카트리지는 가격이 싸다는 장점이 있었지만, 하이파이 용도로는 부족하여 MM 카트리지를 널리 사용하였기에 그 당시 포노앰프 이득은 MM 카트리지를 기준으로 제작되었습니다. 그러다 보니 MC 카트리지의 작은 출력 전압을 MM 카트리지의 레벨과 비슷한 정도로 올려 주는 승압 트랜스가 필요하게 되었습니다.

MM 카트리지의 출력 전압은 통상 5mV(1kHz 기준)

이었으므로 승압한 후 5mV가 되도록 선정합니다.

예를 들어 MC 카트리지의 출력 전압이 250μV(0.25㎷)일 경우 5㎷에 맞추기 위해서는

0.25/5=20

즉, 20배의 승압비를 갖는 승압 트랜스를 사용하면 됩니다.

그런데 만약, 0.1㎷의 저출력 MC 카트리지를 사용한다면 어떻게 하면 될까요? 위 공식대로라면 50배의 승압 트랜스가 필요해집니다. 그런데 50배 승압 트랜스는 흔하지 않습니다. 흔하지 않은 이유는 고음 대역의 주파수 특성을 좋게 만드는 데 한계가 있기 때문입니다.

승압비가 높다는 것은 1차와 2차 코일의 권선비가 매우 크다는 것을 의미합니다. 즉, 2차에 감은 코일의 권수가 많아질수록 분포 용량 또한 커지고 그에 따라 주파수 특성은 악화됩니다.

앞서 말했듯 MC 카트리지 제조사에서 권수를 줄여 저출력 카트리지로 제작하는 이유는 고음 대역의 주파수 특성을 개선하려는 것입니다. 그런데 결과적으로 승압 트랜스를 사용하게 만듦으로써 오히려 고음 대역의 특성이 악화됩니다. 이것이 승압 트랜스의 한계입니다. 아무리 좋은 승압 트랜스를 사용하여도 다소의 차이가

있을 뿐, 승압비가 커질수록 고음 특성이 저하하는 것은 어쩔 수 없는 현상입니다.

좋은 음질을 위해 저출력의 MC 카트리지가 만들어졌지만, 승압 트랜스를 거치며 오히려 음질이 열화하는 이런 모순을 극복할 수 있는 방법은 헤드앰프를 사용하는 것 외는 다른 방법이 없습니다.

다만, 헤드앰프는 오디오 기기 중 가장 이득이 높은 포노앰프 앞에 위치하는 기기이기에 높은 S/N비가 관건입니다. 높은 S/N비를 실현할 수 있는 반도체 헤드앰프가 주로 사용되지만, 음질적인 이유로 선택할 수 없는 경우도 있습니다. 이런 이유로 오래전부터 진공관 헤드앰프가 주목받았습니다. 하지만 S/N비를 극복하기가 쉽지 않아 음질, 그리고 그 이전에 험 때문에 사용할 수 없는 사례가 많습니다. 기술적으로 쉽지 않은 일임은 분명합니다.

오르페오 MK2에서는 음질 및 험 문제를 해결하였는데, 평생 공부하고 연구하였던 회로 설계 기법을 총동원하고 이론에 입각한 이상적인 하드와이어링 배선으로 잔류 노이즈를 줄였습니다. 이상적인 배치와 배선으로 진공관 헤드앰프의 질감을 살리면서도 전혀 불편하지 않을 정도의 높은 S/N비를 실현하였습니다. 그리고 사용하는 MC 카트리지에 맞추어 이득을 설정할 수 있도록 하였는데, 0배, 10배, 20배, 30배, 40배. 50배 중에서 선택합니다.

승압 트랜스는 특성 상 30Hz 이하를 재생하기 어렵지만, 헤드앰프는 10Hz도 재현하므로 LP의 휜 정도에 따라서는 우퍼가 크게 흔들릴 수 있습니다. 이때를 대비하여 럼블 필터를 마련하였습니다.

앞서 각 카트리지마다 최적의 로드 저항이 필요하다고 말씀드렸습니다. 최적의 세팅을 위해 MC 카트리지 제조사에서 제시하는 다양한 로드 임피던스도 마련하였습니다. 33Ω, 47Ω, 100Ω, 250Ω, 500Ω, 1,000Ω 중에서 선택할 수 있습니다.

오르페오 MK2는 전대역에서 굴곡이 느껴지지 않는 세련된 음색이며 LP에 기록된 신호를 손실 없이 재현합니다. 이런 이유로 같은 음반이라도 승압 트랜스를 이용하여 듣는 것과 오르페오 MK2를 통하여 듣는 것은 음질에서 크게 차이가 날 정도로 비교가 됩니다.

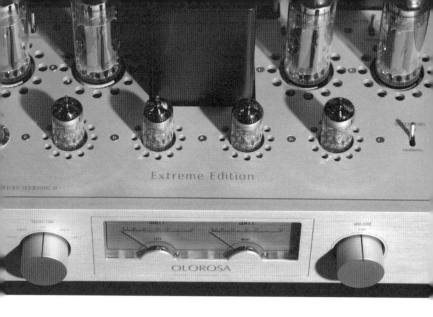

07 올로로사 XE
–모드를 전환할 수 있는 EL34 푸시풀 인티앰프

1. 출력:
>> 울트라 리니어 모드: 32W+32W
>> 트라이오드 모드: 16.5W+16.5W
2. 이득: 250배
3. 주파수 특성: 2W 출력 시 –3dB 기준
>> 상한 주파수 80.04kHz
>> 하한 주파수 5Hz
4. 크로스 토오크(채널 분리도): 41dB
5. 사용 진공관: 12AU7/ECC82×4, EL34×4
6. 입력 임피던스: 100KΩ
7. 입력 단자: RCA 단자 4 계통
8. 출력 스피커 임피던스: 4옴, 8옴
9. 크기(mm): W390×D350(단자류 포함)×H205

기존에도 EL34를 사용하여 만든 수많은 앰프가 있지만, 물량 투자를 하지 않으면서 고출력만을 추구하는 앰프들이 많았습니다. 그래서 출력이 아닌 음질에 집중하여 EL34 앰프를 만들어야겠다고 마음먹었고 그렇게 해서 탄생한 게 올로로사입니다.

올로로사는 5극 출력관 EL34를 채용한 푸시풀 인티앰프입니다. EL34와 같은 다극관은 '스크린 그리드를 어떻게 결선하느냐'에 따라 3극관 또는 5극관으로 동작할 수 있습니다. 이런 특징을 살려 올로로사 XE에서는 울트라 리니어 모드와 트라이오드 모드를 선택하여 사용할 수 있도록 하였습니다.

울트라 리니어 모드는 5극관과 3극관 모두의 장점을 취하기 위해 고안된 방식입니다. 출력은 싱글로 구동하면 8W, 푸시풀로 구동하면 32W 정도를 뽑을 수 있습니다. 음색도 중간 정도의 유연함과 중간 정도의 출력을 얻고 있습니다. 트라이오드 모드로 동작 시에는 조금 더 나긋나긋하며 온화한 소리로 들립니다. 출력은 싱글로 구동하면 6W, 푸시풀로 구동하면 16.5W를 뽑을 수 있습니다.

오디오의 역사는 회로 개발의 역사라 하여도 과언이 아닐 정도로 발전에 발전을 거듭하여 이룩한 역사입니다. 회로의 발전사에 대한 사례를 하나 소개해 보겠습니다.

푸시풀앰프에는 싱글앰프와 달리 위상 반전 회로가 반드시 필요합니다. 종단에 상하로 배치된 출력관의 그리드에 크기는 같고 위상은 다른 신호를 입력해 주어야 비로소 푸시풀로 구동할 수 있기에 그렇습니다. 알텍에서 처음으로 진공관을 이용한 위상 반전 회로를 채용한 푸시풀앰프를 발표하였는데, 순방향 위상은 캐소드에서, 역방향 위상은 플레이트에서 뽑아내는 회로로 캐소드플레이트 위상 반전 회로라고 하며 알텍에서 처음 사용하였으므로 알텍 위상 반전 회로라고도 합니다.

이 캐소드플레이트 위상 반전 회로의 단점은 캐소드 쪽에서 출력되는 신호가 항상 작다는 것입니다. 캐소드에서 꺼낸 신호는 100% 부귀환이 걸리므로 이득이 항상 1보다 작기에 그렇습니다. 반면, 플레이트에서 꺼내는 신호는 캐소드 접지로 동작하므로 증폭 작용이 이루어집니다. 캐소드에 큰 저항이 연결되어 있으므로 큰 이득은 얻지 못하지만, 캐소드에서 뽑은 신호보다는 항상 큽니다.

이런 내용을 개선하고자 뮬라드 위상 반전 회로가 출현했습니다. 하지만 이 회로 역시 하측 진공관에서 추출한 신호가 상측 진공관에서 추출한 신호보다 항상 작습니다. 뮬라드 위상 반전 회로는 알텍 위상 반전 회로와 달리 증폭 작용도 같이합니다. 그리고 하측 진공관의 부하 저항을 5~10% 정도 크게 하여 하측 진공관에서 추출한 신호가 조금 더 커지도록 회로적으로 보완합니다.

이러한 뮬라드 회로는 마란츠에서 즐겨 사용하였는데, 조금 더 적극적으로 위상 신호를 똑같이 맞추기 위해 부하 저항의 일부를 반고정 저항으로 대체하여 정밀 조정을 하고 있습니다. 이 반고정 저항은 위상 반전단 진공관이 교체되면 다시 이상적인 위치를 찾아 재조정을 해 주어야 합니다. 그런데 지금까지 마란츠 8B 파워 앰프를 사용하면서 이 반고정 저항을 조정하여 사용하였다는 분을 뵌 적이 없습니다. 이것이 뮬라드 위상 반전 회로의 한계입니다.

이후에도 여러 앰프 제작사에 의해 다양한 위상 반전 회로로 발전되어 왔지만, 현재 조정 없이 완벽하게 동일한 크기를 얻을 수 있는 위상 반전 회로는 차동 위상 반전 회로입니다. 그러나 이 차동 증폭기는 '어떤 정전류 회로를 채용하느냐'에 따라 성능의 차이로 나타납니다.

서병익오디오의 모든 푸시풀앰프에는 차동 증폭기로 구성된 위상 반전 회로를 채용하고 있으며 고내압 트랜지스터로 구성된 정전류 회로를 채용하고 있습니다. 이렇듯 회로는 발전하고 있으며 덕분에 과거보다 월등한 음질을 구현할 수 있는 것입니다. 세계적으로 EL34를 채용한 모델이 다양하게 출시되어 있지만, 올로로사 XE는 가장 진보된 회로를 채용하였으며 프리부를 실장하여 제작된 인티앰프입니다.

회로가 발전한다고 하면 '반도체 앰프와 유사한 소리가 되는 것 아닌가' 생각하는 사람도 있지만, 진공관 앰프 회로의 발전은 '어떻게 하면 가장 진공관다운 소리로 구현할 수 있는가'를 연구한 결과이니 전혀 그렇지 않습니다.

올로로사에는 전면에 지침으로 표시되는 출력 미터가 있습니다. 부드러운 호박색 불빛에 비추는 미터의 지침은 음악 신호에 따라 흔들립니다. 은은한 불빛 속에 미터의 지침이 흔들리는 모습에서 아날로그의 정취를 물씬 느낄 수 있습니다. 우측 상판에 이 미터의 지침의 감도를 선택하는 스위치가 있습니다. 출력에 따라 노멀과 1/10 중에서 선택하여 사용하시면 됩니다. 가정에서 듣는 통상적인 크기의 음량일 때는 1/10 위치에 놓으시는 것이 적당합니다.

올로로사 XE의 음질은 온화하고 부드럽지만, 트라이오드 모드로 구동 시 이런 느낌이 더욱 도드라지게 들립니다. 스피커의 음압 감도가 89dB 정도만 된다면, 자연스럽게 트라이오드 모드로 즐겨 듣게 되리라 생각합니다.

08 델리카투스 GE

-EL84 A급 울트라 리니어 푸시풀 인티앰프

1. 실효 출력: 10W+10W
2. 형식: EL84 A급 푸시풀 인티앰프
3. 주파수 특성: 3W 출력 기준
하한 주파수 -3dB 5Hz
상한 주파수 -3dB 57.3kHz
4. 이득(GAIN): 160배
5. 사용 진공관:
EL84/6BQ5×4, ECC83S/12AX7×1, ECC82/12AU7×2
6. 크기(mm): W390×H175×D285

진공관은 각각 특유의 음색이 존재하는데, 그중 EL84의 독특한 음색은 오랫동안 마니아로부터 사랑받아 왔습니다. EL84는 소출력 진공관으로 과거 장전축에 널리 사용되었습니다. EL84를 채용한 장전축은 싱글로 구동한 출력 5W와 푸시풀로 구동한 17W급이 있고, 지금도 장전축에서 축출한 EL84 푸시풀앰프가 중고로 거래되기도 합니다. 그러나 이 시기에 제작된 EL84 앰프들은 한결같이 저음이 부족합니다. EL84의 내부 저항이 커서 여러 가지를 고려하지 않으면 자칫 저음이 부족한 앰프가 되기 때문입니다. 그리고 한결같이 조그만 출력 트랜스를 사용하여 더욱 그렇습니다. 이런 내용을 모르는 분은 EL84관이 본래 저음이 나오지 않는다고 하지만, 사실은 전혀 그렇지 않습니다. 단지 걸맞는 물량 투자를 안 했기 때문입니다.

300B 앰프에는 대부분 많은 물량 투자를 합니다. 그리고 그에 걸맞는 가격대가 형성되어 있습니다. 그러나 EL84 앰프에 물량 투자를 많이 하였다고 300B 앰프와 비슷한 가격에 판매한다면 어떨까요? 300B 앰프는 대중의 선호도가 높기에 높은 가격을 설정해도 판매가 이뤄지지만, EL84 앰프는 쉽지 않을 것입니다. 이것이 제대로 제작된 EL84 앰프를 쉽게 볼 수 없는 이유입니다.

저는 2009년에 EL84 푸시풀앰프의 출시를 계획하면서 마니아 여러분에게 선물을 드린다는 마음으로 물량 투자를 아끼지 않았습니다. 회로를 설계하며 가장 중점을 둔 것은 부드러운 음색 속에서 EL84의 독특한 음색이 돋보이는 소리를 구현하는 것이었습니다. 음악이 마냥 부드럽기만 해서는 음악적 감흥을 느끼기 어려우므로 강약의 대비는 분명해야 합니다. 이렇게 요구되는 여러 내용들을 정리한 후, EL84를 A급으로 구동하는 푸시풀 인티앰프로 완성한 것이 델리카투스입니다.

EL84를 푸시풀로 구성하면서 높은 출력을 목표로 한다면 최대 17W+17W까지 뽑을 수 있습니다. EL34 푸시풀앰프와 비교하면 여전히 작습니다. 그러나 EL84는 구조 상 높은 출력을 뽑아내기는 어렵지만, 음질 위주의 소출력 앰프에는 매우 적합한 진공관입니다. 이런 특성을 충분히 고려하여 델리카투스는 출력보다는 음질을 우선하여 A급으로 구동하는 푸시풀 인티앰프로 완성하였습니다. A급이란 최대 전류의 1/2을 상시 흘리는 방식을 말합니다. 그래서 최대 전류의 1/2을 상시 흘려야 하므로 열이 많이 발생하고 출력이 줄어지지만, 음질적으로는 가장 우수한 방식입니다.

출시된 이후 많이 제작하였고 출시된 지 10년이 지난 지금도 여전히 제작되고 있는 이유도 델리카투스의 유려한 배음과 함께 온화하고 나긋나긋한 음색에 있다고 생각합니다. 특히, 대를 물려 사용할 수 있는 앰프를 만든다는 마음으로 튼튼하게 제작하여 잔고장이 없다는 것도 장점입니다.

델리카투스의 입력을 선택할 수 있는 로터리 셀렉터는 세이덴 제품을 선택하였는데, 이 제품은 은도금한 베이스 위에 금도금한 접점을 사용하여 내구성을 향상한 제품으로 감촉 또한 경쾌합니다. 음량을 조절할 수 있는 볼륨은 알프스 사의 블루 벨벳 제품을 사용하였는데, A형 커브로 음량의 조절이 부드럽고 좌우 편차가 적은 것이 특징입니다. 신호가 직접 흐르는 부분에는 PRP 1/2W 1% 오차급의 저항을 사용하였으며, 전력이 필요한 부분에는 1% 오차의 3W 산화 피막 저항을 주문하여 사용하였습니다. 커플링 콘덴서는 이 시대 가장 각광받고 있는 콘덴서인 폴리프로필렌 메탈라이즈드 필름 콘덴서를 사용하였으며, 전원부에 주로 사용되는 전해 콘덴서는 삼화콘덴서의 수출용 그레이드를 사용하였습니다. 삼화콘덴서의 수출용 콘덴서 수명은 일반품보다 2배 이상입니다.

델리카투스는 프리부를 실장한 인티앰프인데, 가운데 있는 진공관 ECC83S가 프리부입니다. 근래 수입되는 일부 인티앰프는 간단한 게 좋다는 논리로 프리부를 생략하기도 하는데, 이럴 경우 저음이 풀어지는 음질이 되므로 주의가 필요합니다.

델리카투스 GE는 깔끔한 배경 속에 그려지는 온화하고 부드러운 음색이 돋보입니다. 공간을 가득 채우는 유려한 배음은 델리카투스를 돋보이게 하는 매력이라고 생각합니다.

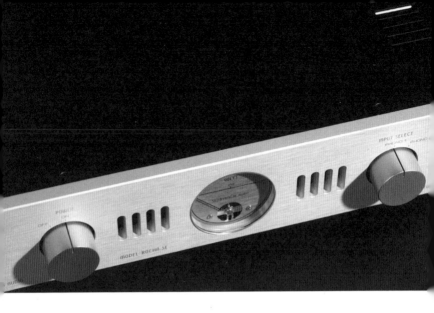

09 로샤 SE
-CR형 RIAA 등화 회로를 탑재한 무귀환 포노앰프

1. 증폭도: 180배 1kHz 기준
2. 논 클립 출력 전압: 44V
3. 사용 진공관: 12AX7/ECC83S×3, 6CA4/EZ81×1
4. 크기(mm): W390×D370(단자류 포함) ×H93
5. 옵션: 내부에 승압 트랜스 내장 가능

로샤는 2012년 7월 처음 발표한 후 몇 차례의 업그레이드를 거쳐 SE 버전이 되었습니다. 개선된 내용은 회로 부분과 외관을 조금 더 다듬은 것입니다. B+ 전원 전압을 지시하는 미터를 중앙에 배치하여 LP에 어울리는 아날로그적인 느낌을 강화했습니다.

로샤는 CR형 포노앰프로 뛰어난 해상도와 함께 고음에서의 음색이 매력적인데, 한없이 올라가는 고음에서도 절대로 쏘지 않습니다. 이것이 무귀환 CR형 포노앰프의 매력으로 위상의 변화가 증폭기에 어떠한 영향도 주지 않기에 그렇습니다.

부귀환 방식의 앰프는 출력의 일부를 위상을 180도로 회전한 후 입력으로 되돌려 전기적 특성을 개선합니다. 이런 이유로 부귀환이라 합니다. 동일한 위상으로 출력의 일부를 입력으로 되돌리는 것을 정귀환이라 하는데, 회로적으로 발진이 필요할 때는 정귀환이 되도록 회로를 구성합니다. 라디오의 슈퍼헤테로다인 superheterodyne 방식*에서 국부 발진용으로 사용하는 것이 이와 같은 발진 현상을 이용한 사례라 하겠습니다. 이렇게 필요에 의해 정귀환을 이용하여 원하는 특성을 얻기도 하지만, 절대로 발진하지 말아야 하는 곳에서 발진한다면 문제가 됩니다.

* 수신감도를 높이기 위해 수신 전파의 주파수를 그것보다 낮은 중간 주파수로 변환한 후 증폭하여 수신하는 방식. (편)

부귀환 앰프란 위상을 180도로 회전한 상태에서 출력의 일부를 입력으로 되돌리는 것이라 하였습니다. 그런데 어떤 이유로 위상이 더 틀어져 270도 또는 360도가 되는 어떤 주파수대에서는 부분적으로 발진을 하게 됩니다. 이런 현상을 링깅 현상이라고 하며 오실로스코프로 보면 기본 파형에 날카로운 톱니 같은 파형이 중첩되어 있는 것을 보게 됩니다. 링깅 현상은 부귀환이 깊게 걸리는 앰프에서 주파수가 높아지면 부분적으로 위상이 회절하여 나타납니다. 그러나 무귀환 방식에서는 근본적으로 링깅 현상이 발생할 일이 없습니다.

요즘 LP에 대한 관심이 높아져서인지 포노앰프에 대한 문의가 많습니다. 이런 문의 중에서도 LP를 들으려면 왜 포노앰프가 필요한지에 대한 문의도 많습니다.

LP에 기록되는 음악 신호에는 20Hz에서 약 40kHz에 이르는 다양한 주파수가 혼재해 있습니다. 저음으로 갈수록 진폭이 커질 것이며 고음으로 갈수록 진폭이 작아져 음악 신호가 노이즈에 묻힐 수도 있을 것입니다.

이런 상태의 음악 신호를 그대로 LP에 기록한다면 진폭이 큰 저음으로 인해 유효 면적이 작아질 것이고 고음으로 갈수록 노이즈와 구분이 안되어 S/N비는 악화할 것입니다. 이 문제를 개선하기 위해 LP에 음악을 녹음할 때는 정진폭 녹음을 하게 됩니다. 즉, 저음은 줄이고 고음은 늘려 폭을 일정하게 녹음하면 직경 30cm의

LP 면적에 가능한 한 많은 음악 신호를 기록할 수 있고 고음의 S/N비를 크게 향상할 수 있습니다.

그런데 이렇게 녹음된 LP를 듣기 위해서는 저음은 늘리고 고음은 줄일 수 있는 장치가 필요합니다. 저음은 늘리고 고음을 줄이는 것을 등화 또는 이퀄라이징이라고 합니다. 이때 '얼마나 줄이고 늘릴 것인가?'는 RIAA 규정에 따릅니다.

RIAA 규정이란 1955년 미국 레코드 공업협회 Recording Industry Association of America에서 제정된 규정으로 그 당시 혼재해 있던 다양한 등화 특성을 RIAA 단일 특성으로 통합하였습니다. 1955년은 스테레오 LP가 출시된 해이기도 하여 스테레오 LP는 대부분 RIAA 커브로 제작되었습니다.

등화를 하는 방법은 크게 두 가지가 있습니다. 부귀환을 적용하면 이득이 줄어지는 현상을 이용한 부귀환형, 콘덴서와 저항의 감쇠 특성을 이용한 CR형이 그것입니다.

부귀환형은 현재 가장 많이 제작되는 방식이며 업체에서 포노앰프를 소개할 때 등화 방식을 소개하는 말이 없다면 부귀환 방식입니다. 부귀환을 적용하면 다음과 같은 전기적 특성을 개선할 수 있습니다.

1. 왜율 개선
2. 주파수 특성 개선

3. 잡음 특성 개선

위에서처럼 여러 특성이 개선되기에 한때는 "우리는 **dB의 부귀환을 적용하였다"라는 광고를 할 정도로 부귀환을 많이 적용하는 것을 광고하던 때도 있었습니다.

반면 부귀환을 통해 열화하는 전기적 특성도 있습니다. 동특성으로 분류하는 과도 특성입니다. 과도 특성이란, 빠르게 변화하는 음악 신호를 '앰프가 얼마나 빠르게 추종할 수 있느냐?'의 특성입니다. 그래서 과도 특성이 좋은 앰프의 음질은 통통튄다는 느낌이 들 정도로 탄력 있는 음으로 들리며 현장감이 잘 살아납니다.

그러나 불행히도 아날로그 회로에서는 과도 특성을 향상시키는 회로는 존재하지 않습니다. 다만 얼마나 악화시키느냐가 관건입니다. 그리고 부귀환은 과도 특성을 악화시킵니다. 즉, 과도 특성을 좋게 할 수는 없지만, 나쁘게 하지 않으려면 부귀환을 사용하지 않으면 됩니다.

무귀환 앰프는 과도 특성의 악화를 막을 수 있습니다. 그러나 무귀환 앰프에서 부귀환과 같은 향상을 하려면 반드시 대책이 필요합니다. 정밀 회로 설계와 함께 수준 높은 실장 기술로 전기적 특성을 구현해야 합니다. 이것이 부귀환이 적용된 앰프에서 부귀환을 제거하면 오히려 음질이 열화하는 이유이며, 무귀환 앰프가 흔하지 않은 이유이기도 합니다.

이런 이유로 부품의 질이 조금 떨어져도, 전기적 특성이 조금 떨어져도 부귀환을 통해 성능을 개선할 수 있는 부귀환 방식은 주로 양산형 포노앰프에 사용되고 있습니다. 요즘 대부분의 포노앰프가 주로 부귀환 방식의 포노앰프인 이유입니다.

그러나 CR형 포노앰프는 주로 무귀환으로 제작되며 설계 초기부터 실장에 이르기까지 정밀 작업을 필요로 합니다. 이런 이유로 고급 포노앰프에 채용되고 있으며 잘 설계되고 제대로 제작된 경우 부귀환 방식의 포노앰프에서는 느낄 수 없는 높은 해상도와 순도 높은 음질을 들을 수 있습니다.

저는 부귀환 방식의 포노앰프는 제작하지 않습니다. 제가 제작하지 않아도 부귀환 방식의 포노앰프가 필요하면 얼마든지 쉽게 구입할 수 있기 때문입니다. 그러나 CR형 포노앰프는 쉽게 구할 수 없습니다. 세계적으로도 출시된 CR형 포노앰프는 몇 가지 없기도 하지만, 터무니없이 높은 가격이라 더욱 그렇습니다. 그리고 제작자 자신이 만족하지 못하는 방식의 포노앰프를 출시할 수 없어서이기도 합니다.

로샤의 음질은 CR형 포노앰프답게 높은 해상도와 함께 무귀환 특유의 유려한 음색이 돋보입니다. 로샤가 출시된 지 10년이 되었지만, 꾸준히 제작되고 있는 이

유라고 생각합니다. 진공관 방식의 CR형 포노앰프이지만, 높은 S/N비도 로샤를 돋보이게 하는 이유 중 하나라고 생각합니다. 진공관 포노앰프를 사용하며 험이나 노이즈로 어려움을 겪었다면 높은 S/N비가 얼마나 중요한 항목인지 알 것입니다.

10 RCV
–진공관과 릴레이로 구성된 리모트 컨트롤러

1. 증폭도: 0.9배 1kHz 기준
　　　　주파수 특성: –3dB 출력 4V 기준
　　　　상한 주파수 약 300kHz (어테네이터 1단 위치일 때
98.5kHz)
　　　　하한 주파수 4Hz
2. 논 클립 출력 전압: 33V
3. 사용 진공관:
12AU7/ECC82×2(12AX7/ ECC83S×2, 또는 12AY7/ 6072×2로
교체 가능)
4. 크기(mm): W390×D370(단자류 포함)×H93

리모트 컨트롤러의 장점은 무엇보다도 편리하다는 것입니다. 특히, 음원 파일을 주 음원 소스로 사용하는 입장에서는 더 그렇습니다. 그러나 고급 하이엔드 진공관 앰프에서는 리모컨이 되는 앰프가 없습니다. 그 이유는 리모컨 기능을 실장하면 음질이 열화되기 때문입니다.

리모컨으로 볼륨을 조정하려면 회로 구성상 OP AMP를 사용할 수밖에 없습니다. OP AMP는 연산용 증폭기로 사용하기 위해 고안된 집적소자입니다. 요즘은 S/N비를 개선한 오디오용 OP AMP가 발표되고 있긴 하지만, 연산용 증폭기로서의 특성은 변한 것이 없습니다.

이 OP AMP를 오디오에 사용할 때의 폐해 중 가장 특징적인 부분을 요약하면 첫째, 과도한 부귀환으로 음의 생동감이 떨어진다는 것입니다.

OP AMP는 이득 1로 사용할 경우에도 발진하지 않도록 역삼각형의 주파수 특성을 가지며 가장 이득이 높은 지점인 1Hz에서의 증폭 이득은 100dB(100,000배)에 이릅니다. 이렇게 높은 이득 모두가 부귀환으로 작용하는 OP AMP를 통과하고 난 후의 음질은 장막 하나를 거쳐 나오는 듯한 소리가 되고 맙니다. 이는 과도 특성이 저하하여 그런 것인데, 과도 특성은 부귀환이 깊어질수록 부귀환의 양에 비례하여 점점 악화합니다.

둘째, 동작 전류가 너무 작아 소리가 가늘어집니다.

대개 손톱보다 작은 크기에 OP AMP 2개 또는 4개가 집적되어 있으며, 안정된 전기적 특성을 위하여 동작 전류를 매우 작게 설정해 놓았습니다. 이런 사정으로 인해 신호가 OP AMP를 통과하고 나면 소리가 가늘어집니다. 미약한 전류로 구동되는 OP AMP의 특성으로 인하여 OP AMP를 지나고 난 후의 음질은 소리가 가늘어지고 힘이 없어지는 것입니다. 그래서 요즘 DAC 칩의 설계 트랜드는 DAC 칩 내부의 출력단 여러 개를 병렬로 중첩하여 구성하는 것입니다. 왜 여러 개를 동시에 동작하도록 구성하는 걸까요? 바로 톤이 굵은 두툼한 소리가 나도록 하기 위해서입니다.

이런 이유들로 고음질을 추구하는 앰프에서는 OP AMP를 채용하기 어렵습니다. 그리고 이것이 OP AMP를 전혀 사용하지 않는 진공관 리모트 컨트롤러 RCV를 출시하게 된 이유입니다.

RCV는 릴레이에 의한 23단 어테네이터에 의해 음량이 조절되고 이 릴레이는 마이컴에 의해 리모컨으로 제어합니다. 이 과정에 OP AMP는 전혀 사용되고 있지 않습니다.

처음 RCV를 출시하며 음질의 손실이 없다는 것을 강조하다 보니 RCV를 사용함으로써 얻어지는 음질의 향상에 대해서는 크게 강조하지 않았습니다만, RCV를 통한 음질의 향상은 사용하고 계시는 분들에 의해 검증되고 있습니다. RCV는 소신호 쌍3극 진공관 ECC82/12AU7을 사용하며 취향에 따라 12AY7 또는 12AX7/ECC83S로 바꾸어 사용할 수도 있습니다.

RCV의 후면에는 진공관 프리앰프라고 적혀 있습니다. 왜냐하면 RCV를 다른 시각으로 보면 증폭 기능이 없는 리모트 컨트롤러 진공관 프리앰프라고 볼 수 있기 때문입니다. 증폭 소자에 상관없이 리모컨이 없는 모든 앰프에 사용할 수 있습니다. 특히, 볼륨이나 셀렉터가 고장난 빈티지 기기에 RCV를 연결하면 리모컨 기능이 있는 앰프로 거듭날 수 있습니다.

RCV는 애플 리모컨으로 제어합니다. 이 리모컨은 소형이고 디자인이 세련되며 RCV에서 꼭 필요한 기능만을 갖추고 있어 사용하기 편리합니다. 리모컨의 기본적인 기능인 볼륨 업-다운과 뮤트, 그리고 입력 선택 기능을 수행합니다.

진공관, 소리의 빛

초판 1쇄 발행 │ 2017년 11월 8일
개정판 1쇄 발행 │ 2022년 6월 6일
개정판 2쇄 발행 │ 2024년 8월 14일

지은이 │ 서병익
펴낸이·책임편집 │ 유정훈
디자인 │ 우미숙
인쇄·제본 │ 두성P&L

펴낸곳 │ 필요한책
전자우편 │ feelbook0@gmail.com
트위터 │ twitter.com/feelbook0
페이스북 │ facebook.com/feelbook0
블로그 │ blog.naver.com/feelbook0
포스트 │ post.naver.com/feelbook0
팩스 │ 0303-3445-7545

ISBN │ 979-11-90406-14-7 03680